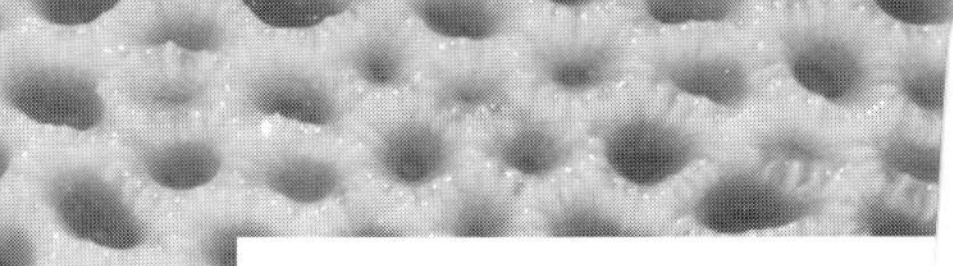

이정우 Lee Jeong-Woo, 1959~

서울대학교에서 공학, 미학, 철학을 공부했고, 아리스토텔레스 연구로 석사학위를 그리고 미셸 푸코 연구로 박사학위를 받았다. 서강대학교 교수(1995~1998)를 역임했으며, 현재 소운서원(구 철학아카데미) 원장(2000~), 어시스트 교수(2009~), 대안연구공동체 학장(2011~)으로 활동하고 있다. 『담론의 공간』(1994), 『가로지르기』(1997), 『인간의 얼굴』(1999) 등에서 "담론학"과 "객관적 선험철학"을 제시했으며, 그후 이 사유를 "사건의 철학", "접힘과 펼쳐짐의 존재론" 등으로 발전시켰다. "시간과 생명 그리고 윤리"를 화두로 삼아 사유를 전개하고 있으며, 현재는 철학사 집필(『세계 철학사』 3부작)과 정치철학적 저작들의 집필(『진보의 새로운 조건들』, 『소수자 정치학』 등)에 몰두하고 있다.

최호영 Choe Hoyoung, 1962~

고려대학교 심리학과를 졸업하고 독일 베를린 자유대학교에서 "온건구성주의의 전망"이라는 논문으로 심리학 박사학위를 받았다. 현재 고려대학 지혜과학연구센터 연구교수로 있고 주요 관심분야는 이론심리학, 현상학적 심리학, 감각과 매체의 심리학 등이다. 논문으로 「마음과 과학과 문화 – 과학적 심리학의 가능성과 한계에 관하여」(철학탐구, 2008), 「'탈인간의 심리학'과 자율적 주체의 운명」(문화예술교육연구, 2010)이 있고 번역서로 『앎의 나무』(갈무리, 2007), 『학습된 낙관주의』(21세기북스, 2008), 『지혜의 탄생』(21세기북스, 2010), 『뇌의식과 과학』(시스테마, 2011) 등이 있다.

인지와 자본

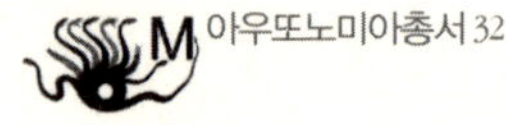 아우또노미아총서 32

인지와 자본

지은이 조정환·황수영·이정우·최호영

펴낸이 조정환
책임운영 신은주
편집부 오정민·김정연

펴낸곳 도서출판 갈무리 등록일 1994. 3. 3. 등록번호 제17-0161호
초판인쇄 2011년 12월 22일 초판발행 2011년 12월 31일
종이 화인페이퍼 인쇄 중앙피앤엘 제본 은정제책

주소 서울 마포구 서교동 375-13호 성지빌딩 101호
전화 02-325-1485 팩스 02-325-1407
website http://galmuri.co.kr e-mail galmuri@galmuri.co.kr

ISBN 978-89-6195-043-5 94300 / 978-89-6195-003-9 (세트)
도서분류 1. 사회과학 2. 철학 3. 인지과학 4. 정치학 5. 경제학
          6. 도시학 7. 문화연구

값 18,000원

이 도서의 국립중앙도서관 출판시도서목록(CIP)은 e-CIP홈페이지(http://www.nl.go.kr/ecip)와 국가자료공동목
록시스템(http://www.nl.go.kr/kolisnet)에서 이용하실 수 있습니다.(CIP제어번호: CIP2011005432)

Cognition and Capital

인지와 자본

인지, 주체-화, 자율성, 장치의 측면에서 본 생명과 자본

조정환 · 황수영 · 이정우 · 최호영 지음

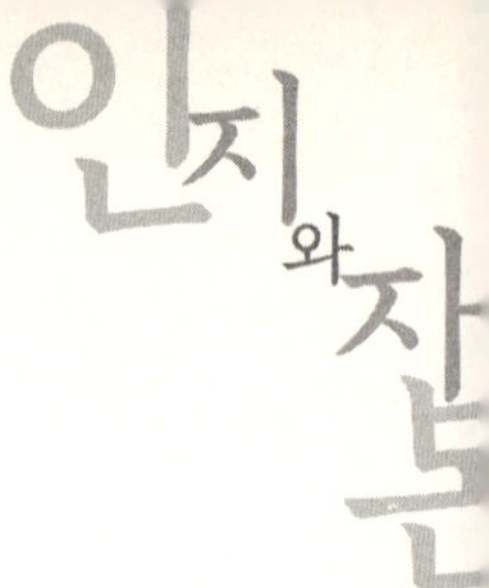

차례

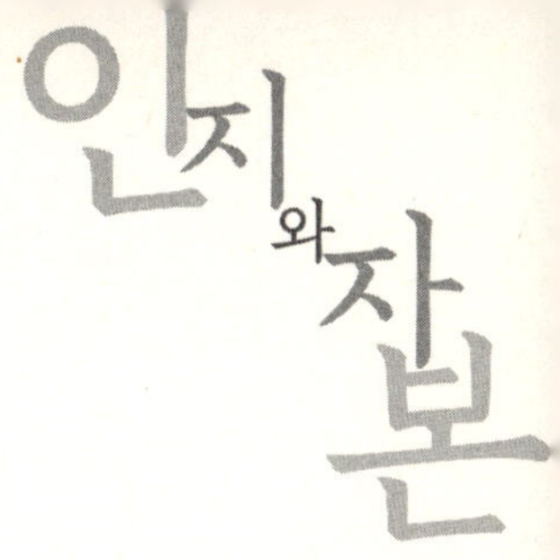

실재적 행동인을 위하여

조정환

인지적 생명

개체-화와 주체-화

구조 자율성과 행동 자율성

어떤 장치를 구축할 것인가?

포획장치에 대항하는 생명장치와 행동인의 문제

인지자본이 인지화된 노동을 직접적으로 수탈하는 자본형태라면 인지자본주의는 인지자본의 헤게모니 하에서 비인지적 노동까지 인지적 축적체제 속에 포섭하는 자본주의 발전형태를 지칭한다. 이리하여 인지자본주의에서는 인지노동은 물론이고 비인지노동까지 인지적 축적의 동력으로 배치된다. 그러므로 인지현상과 그것의 작동메커니즘, 그리고 그것의 내적 문제를 이해하고 이 문제를 극복할 다른 가능성을 찾아내는 것은 오늘날의 사회를 이해하고 변혁함에 있어 핵심적 문제로 등장한다. 『인지자본주의』(조정환, 갈무리, 2011)는 이 문제를 주로 착취 및 수탈형태의 인지적 변형을 중심으로 한 정치경제학 비판의 맥락에서 전개했다. 이미 발간된 1부 『인지자본주의』 및 기획중인 3부 『인지자본주의 논쟁』과 더불어 총 3부작으로 기획되고 있는 인지자본주의 시리즈의 2부작인 이 책 『인지와 자본』은 1부작이 주로 의거했던 '정치경제학 비판'의 관심을 지속하면서도, 관심의 스펙트럼을 더 넓혀서 철학, 생물학, 심리학 등의 맥락에서 인지의 원리를 규명하고 인지의 부상이 갖는 의미를 탐구하며 윤리적 실천적 대안을 탐구하는 것을 목적으로 삼는다. 이 작업은 『인지자본주의』 출간 직후인 2011년 5월 19일부터 5월 21일까지 문화공간 〈숨도〉에서 열린 실험심포지엄 〈인지와 자본〉[1]을 통해 토론형식으로 이루어진 바 있다. 그것의 연속이자 다른 버전인 이 책은 이 심포지엄의 발표주제들을 확장하여 세공할 뿐만 아니라 이 심포지엄에서 다루어지지 못한 주제를 보강하는 방식으로 재구성된 것이다.

이 책을 읽는 독자들은, 각기 다른 환경에서 특별한 지속적 교류 없이 작업해온 이 책의 필진들이 생명, 인지, 개체/개체-화, 주체/주체-화 등을 사유함에 있어서 많은 생각들을 서로 공유하고 있는 것을 발견할 수 있을 것이다. 하지만 이 책에 기고한 필진들은 '인지자본주의'라는 1부작의 문제의식을 공유하고 있다고 할 수도 없으려니와 위의 주제들에 접근하는 방법이 동일하지도 않다. 공통의 지점에서 출발하는 경우에도 서로 다른 방향으로 문제를 풀어나가는 경우도 있고 반대로 서로 다른 지점에서 출발했으면서도 공통된 방향으로 생각이 수렴되는 경우도 있다. 심지어 생각들 사이에 서로 긴장이나 갈등이 표현되는 경우도 없지 않다. 이 책에 실린 글들이 인지자본주의 기획 시리즈의 거시적 문제의식과 맺는 관계를 살피는 이 글에서 나는, 각각의 글들이 인지자본주의라는 문제설정에 어떤 시사를 주는가라는 맥락에서 각 글들을 꼼꼼히 읽고,

---

1. 이 실험심포지엄에는 조정환, 이도흠, 정재승, 최호영, 이정우, 서동진 등이 발표자로 참가했다.

그것으로부터 이 문제설정의 심화로 이어질 개념요소들을 추상하며 또 그것들을 서로 결합시키고 변형시킴으로써 내 나름의 생각의 천을 짜볼 것이다. 그러므로 이 글은 기획자의 '총론'이라는 이름으로 이 책의 처음에 배치되지만 결코 이 책에 실린 네 편의 글들을 중도적인 입장에서 공평하게 소개하는 글이 아니다. 그것이 '총'론이라면 그것은, '전체는 부분 위가 아니라 옆에 있다'는 들뢰즈의 생각처럼, 네 편의 각론 옆에 또 하나의 각론으로 배치되는 다섯 번째 글이라고 하는 것이 더 정확할 것이다. 이런 접근법 때문에, 이 글에서는, 각 필자가 사용하는 고유한 개념들이 때로 이 시리즈가 기획하는 바의 인지자본주의라는 문제의식에 의해 특별한 설명 없이 변형되어 사용되는 경우도 없지 않을 것이다. 그렇기 때문에 나는 여기에서, 이 글이 다른 글들을 재현하는 것을 목표로 삼지 않으며 각각의 글들은 이 글과 무관하게 그 자체로 고유하고 독립적이라는 점을 강조해 두고 싶다.

인지적 생명

자본이 사람들의 인지활동을 축적의 기반으로 삼는다

는 『인지자본주의』의 인지자본주의론은, 지식에 특권적 강조점을 부여하는 협소한 인지자본주의론으로 환원될 수 있는 것도 아니고, 지식을 포함한 무형의 자산에 커다란 가치를 부여하는 지식자본론으로 환원될 수 있는 것이 아니며, 육체노동자 대신에 지식노동자들이 부를 생산한다는 지식프롤레타리아트론으로 환원될 수 있는 것도 아니다. 이와 마찬가지로 『인지자본주의』의 인지자본주의론은, 감정이 능력이자 자본이 되는 자본주의2로도 환원될 수 없다. 지식이나 감정은 인지의 중요한 부분이지만 인지가 그것들에만 국한되지 않기 때문이다. 내가 인지를 "지각하고 느끼고 이해하고 판단하고 의지하는 등의 활동에 포함되는 정신적 과정을 총칭하는 용어로서, 감각, 지각, 추리, 정서, 지식, 기억, 결정, 소통 등의 개체적 및 간 개체적 수준의 정신작용 모두를 포괄하는 의미로 사용"3한 것은 이 때문이다.

인지활동이 개체 내부 수준에서만이 아니라 개체 사이의 수준에서 이루어지는 정신작용이라면, 그것을 생명의 활동요소나 활동수단에 그치는 것으로 볼 수 있을까? 다

---

2. 에바 일루즈, 『감정자본주의』, 김정아 옮김, 돌베개, 2010; 앨리 러셀 혹실드, 『감정노동』, 이가람 옮김, 이매진, 2009; 한윤형·최태섭·김정근, 『열정은 어떻게 노동이 되는가』, 웅진지식하우스, 2011.
3. 조정환, 『인지자본주의』, 갈무리, 2011, 43쪽.

앙리 베르그손(Henri Bergson, 1859~ 1941)

시 말해, 인지가 과연 생명으로부터 분리가능한 요소일 까? 혹은 생명체가 인지활동 없이 생명체로 존속할 수 있는 것일까? 내가 보기에 이 책의 1장 「생명과 인지」(황수영)는 이 물음에 대한 응답을 담고 있다. 「생명과 인지」는 이 물음을 역사적 관점에서 고찰한다. 고대의 동서양에서 생명은 자연과 통합되어 있었고 그래서 인지와 생명이 통합적으로 고찰되었음에 반해 중세 천 년간에 육체에 대한 전대미문의 평가절하가 이루어지고 영혼을 불멸의 실체로 정의하면서 생명이 인지와 분리되어 기계론적으로 고찰되기 시작했다고 설명하는 것이다. 이 설명에 의하면, 후자의 기계론적 관점이야말로, 생명을 육체의 운동에 종속된 것으로 간주하면서 생명 이해를 물리적 신체에 대한 설명으로 대체하는 현대적 생명과학, 생명공학의 원천이 되었고, 인지활동을 생명활동으로부터 분리시키는 동물기계론, 철학적 인식론, 관념연합설적 심리학, 국재화 생리학에 정당성을 제공해 주었다.[4]

그렇기 때문에 인지와 생명의 분리를 극복하고 그것들 사이의 직접적 연관성을 회복하는 것은, 한편에서는, 영혼의 실체화 위에서 이루어진 신체에 대한 관념론적 격하를 바로잡고, 이와 동시에 다른 한편에서는, 인지를 신체의 종속변수로 탐구하는 유물론적 인지 격하를 바로 잡는, 이중의 과제를 포함하는 것이다.

「생명과 인지」에 따르면, 생명과 인지가 분리불가능하다는 것은 지각이 삶의 영위과정과 분리불가능하다는 것, 생명 개체의 행동으로부터만 지각이 설명될 수 있다는 것을 통해 입증된다.[5] 지각은 가장 기초적이고 가장 포괄적인 의미의 인지작용이다.[6] 개체의 작용을 관찰해 보면 개

---

4. 이 책의 1장 「생명과 인지」, 61~2쪽.
5. 같은 글, 70쪽.

체가 외부의 자극에 대해 반작용하는 것으로 보이는데, 그 반작용은 기계적이지 않다. 오히려 개체는 자신의 행동을 선택하는 것처럼 보이는데 이것으로부터 우리는 지각이 생명체의 '행동의 선택' 능력임을 알 수 있다. 선택의 폭은 거리가 없는 촉각보다는 시각이나 청각처럼 거리를 두고 일어나는 경우에 더 넓어진다. 지각의 폭이 넓어질수록 행동의 비결정성도 그만큼 넓어진다. 그러므로 지각에 드러난 대상들은 하나하나의 이미지이며 그것들은 행동을 선택하는 신체의 가능한 행동들을 반영한다고 할 수 있다.7 「생

---

6. 같은 글, 65쪽. 「생명과 인지」에서 감각은 수용적인 것으로 간주되어 능동적인 것으로 간주되는 지각과는 달리 인지현상으로 될 수 없는 것으로 파악된다. 반면 나는 수용/수동성을 인지의 특성으로 간주한다. '인지는 "지(知), 정(情), 의(義)의 대부분을 포함하는 심적 활동"을 지칭하게 되는데 여기에는 능동적 활동뿐만 아니라 수동적 활동까지 포함될 수 있다. 추론, 분석 등의 지적 활동은 능동적이지만 감각, 지각 등은 수동적이며 기쁨의 감정들은 능동적이지만 슬픔의 감정들은 수동적이기 때문이다.'(『인지자본주의』, 43~44쪽). 이러한 생각은, 생명체에게서 수동(능력)이 능동(능력)의 적극적 구성요소이자 계기라는 생각에 기초한다. 베르그손은 감각을 "우리에 의해 신체의 밖에서 지각된 이미지들이 아니라 오히려 우리 신체 자체 속에 위치한 정념들(affection)"(앙리 베르그손, 『물질과 기억』, 박종원 옮김, 아카넷, 2005, 94쪽)로 보거나 감각과 지각을 "우리 신체의 실제적 작용과 가능적 또는 잠재적 작용"(같은책, 102쪽)으로 구분하며 정념과 지각을 "지각이 신체의 반사하는 능력을 측정한다면 정념은 신체의 흡수하는 능력을 측정한다"(같은 책, 101쪽)고 하여 양자의 차이를 부각시키지만 기본적으로 "정념이 없는 지각은 없다"(같은 책, 104)고 본다.
7. 같은 글, 70쪽.

명과 인지」는 베르그손을 따라, 이 이미지들의 총체를 물질이라고 부르고 "나의 신체라는 어떤 결정된 이미지의 가능적 행동에 관련된 이미지들을 물질에 대한 지각"[8]이라고 부른다. 따라서 이미지는 지금까지 분리된 것으로 간주되었던 물질과 정신이, 신체적 행동의 인지적 선택이라는 장을 기초로 교직되는 것일 뿐만 아니라 그 양자를 전제하지 않고도 독자적인 존재를 누리는 어떤 것으로 이해된다.[9]

그러나 개체-신체들의 행동 가능성이 이미지 존재의 근본적 출발점은 아니다. 이미 서술했듯이 개체-신체들 역시 결정된 이미지들이며 모든 이미지들은 **지속**하는 전체, 우주 전체의 **생성**의 일부가 고정된 것들이다. 생명의 개체-신체들의 **행동**은 이 우주적 **생성**의 일부로서 환경에 반작용해야 하는 삶의 필요에 의해 제약되는 것이다. 이때 지각은, 4장 「포획적 인지장치로서의 자본」이 말하듯이, 행동이 지나갈 길들의 점선을 따라가며 가위질을 함으로써 대상에 명백한 개체성의 윤곽을 부여한다.[10]

그렇다면 우주적 전체의 생성, 즉 지속은 지각이 인도하는 바의 이 행동(의 필요)이라는 수준에서만 인지에 드

---

8. 같은 글, 70쪽.
9. 같은 글, 72쪽.
10. 이 책의 4장 「포획적 인지장치로서의 자본」, 255쪽.

러나는가? 그렇지 않다. 지각과 더불어 생명체의 또 다른 인지능력을 구성하는 것이 기억이다. 기억은 지각이 놓여 있는 감각운동체계에서는 끊임없이 억제되어 있다.[11] 그러나 이 측면만이 전부가 아니다. 지각은 기억으로부터 결코 자유롭지 않다. 기억은 현재적 지각을 새롭게 창조하거나 현재적 지각에 그것의 고유한 이미지나 동일한 종류의 이미지-기억을 보냄으로써 지각을 이중화하는 힘으로 기능한다.[12] 그래서 지각은, 외적 대상에서 오는 구심적 흐름과 기억에서부터 오는 원심적 흐름이라는 대립된 두 방향의 흐름에 의해 야기된다고 할 수 있다.[13] 이렇게 기억은 지각 속에 삼투하며 기억의 이 삼투작용으로 인해 우리의 지각은 (물질 안에서의 지각이면서 동시에) 우리 안에서의 지각으로 되는 것이다. 이런 의미에서 기억은 원리적으로 물질에서 절대적으로 독립적인 역량puissance이며 정신이라고 부르는 것이 실험되는 장소이다.[14] 이 역량에 대해 베르그손은 다음과 같은 세 개의 가설로써 접근한다.

1. 과거는 두 가지 형태로 존속한다. 그것은 1) 운동기제들

---

11. 앙리 베르그손, 『물질과 기억』, 167쪽.
12. 같은 책, 177쪽.
13. 같은 책, 221쪽.
14. 같은 책, 128쪽.

속에, 2) 독립적인 기억들 속에 존재한다.

2. 현재적 대상의 식별은 대상으로부터 나올 때는 운동들에 의해 이루어지고 주체로부터 나올 때는 표상들(=이미지-기억)에 의해 이루어진다.

3. 사람들은 시간을 따라 배열된 기억들로부터 미세한 단계들을 통해, 공간 속에서 그것의 시발적이거나 가능적인 행동을 그리는 운동들로 이행한다.[15]

이런 가설 속에서 볼 때 신체는 미래와 과거 사이에서 움직이는 한계이며 우리의 과거가 미래 속으로 끊임없이 밀고 들어가는 움직이는 질점質點이다.[16] 그리고 뇌의 운동 기제들은 과거 표상들의 계열을 완료하고 이 표상들을 현재 속으로 연장하며 행동과 연결되는 지점이다.[17] 요컨대 기억은 체험된 과거의 총체가 현재 속으로 쏟아져 들어오는 과정으로서, 행동에서 초연한 정신적 표상을 규정하고 행동의 필요에 따르는 물질적 운동에 (뇌에 의한 억제를 극복하고) 삼투하면서 대상을 식별하도록 만든다.

「생명과 인지」는 베르그손에 의거하여 기억을 세 종류로 구분한다. 하나는 기계적 기억 혹은 신체적 자동성으로

---

15. 같은 책, 136~8쪽.
16. 같은 책, 137쪽.
17. 같은 책, 138쪽.

서의 습관기억이다. 이 기억은 신경결합의 형태로 보존되고 상기되면서 행동과 하나가 되는 운동적 도식을 따른다. 이 운동적 도식이 지각과 운동을 자동적으로 연결하여 대상을 기계적으로 식별하게 해 준다. 다른 하나는 순수기억인데, 그것은 기억이 의식에 나타나지 않고 배후에 숨어 있는 것이다.[18] 만약 이 두 가지가 전부이고 또 이것들이 분리되어 나타난다면, 습관기억에 의해 지배되는 첫째의 경우에는 행동의 선택 가능성이 점점 좁아져 개체는 필연성에 따라서만 움직이게 될 것이다. 즉 개체는 충동에 따라 행동하기를 반복하는 **충동행위자**에 머물게 될 것이다. 둘째의 순수기억이 지배하는 경우 행위자는 행동과 분리되어 꿈을 꾸는 데 열중하는 **몽상행위자**로 될 것이다. 우리는 이 둘과는 다른 행위양식, 행위존재가 가능함을 알고 있다. **바람직한 행동인**의 경우, 행동의 선택 가능성은 지각의 자극에 대해 기계적 운동으로 곧장 반응하지 않고 잠시 멈춰서 대상 자체를 주의 깊게 파악하면서도 현실적 행동의 필요에서 분리된 몽상에 빠지지도 않는 것에서 주어진다.[19] 이것은 기계적 식별과도 다르고 꿈과도 다른 주의 깊

---

18. 황수영, 「생명과 인지」, 79쪽. 의식에 나타나지 않는 기억을 순수기억이라고 부르는 것은, 의식에 나타나지 않는 지각을 순수지각이라고 부르는 것과 같다.
19. 충동인, 몽상가, 행동인에 대해서는 앙리 베르그손, 『물질과 기억』, 261

은 식별 혹은 지적 식별을 요한다.

이 식별의 깊이가 어디서 주어지는 것일까? 그것은 의식의 심층으로 들어가 잠재해 있는 기억들을 상기해 지각 속으로 가져오는 것이다. 삶la vie에 대한 주의[20]가 깊으면 깊을수록 의식의 더 깊은 심층으로 다가갈 수 있다. 이 접근과정이 일단 하나의 수준에 자리 잡을 때 관념은 이미지의 형태를 취한다. 이것이 이미지기억이다. 이처럼, 이미지(나 표상으)로 나타나는 기억인 이미지기억은 과거의 총체에서 현재적 행동의 필요에 부합하는 것을 끄집어내는 능력으로, 지적 식별의 힘으로 작용하면서, 감각운동체계의 자동과정에서 지각으로 전화한다. 이러한 과정을 거치는 이미지기억의 역동적 도식은, 신체를 매개로, 지각의 감각-운동 도식과 현재의 첨점尖點에서 결합되어 정신적이면서 동시에 물질적인 삶의 세계를 구성한다. 요컨대 정신은 물질로부터 지각들을 빌려와 거기서 자신의

쪽 참조.

20. 이것은 생활(vivre)의 필요에 따른 지각적 행동과는 구분된다. 뇌의 행동은 생활(vivre)에 유용한 기억들을 떠올리는 데 기여하기도 하지만 다른 기억들을 멀리하도록 만들면서 삶(vie)에 대한 주의(정신의 삶)를 제약하기도 한다(앙리 베르그손, 『물질과 기억』, 298쪽). 삶과 생활의 구별에 대해서는 앙리 베르그손, 『물질과 기억』, 330~2쪽 참조(한글본에서는 양자가 모두 '삶'으로 번역되어 있다.) 이런 의미에서 신체는 기억들을 축적하는 것이 아니라 떠올리거나 억제하는 식의 선택을 할 뿐이며 그 선택의 도구로 기능한다(같은 책, 299~300쪽).

양분을 이끌어내고, 반대로 자신의 자유를 새겨놓은 운
동의 형태로 물질에게 지각들을 돌려주는 것이다.[21] 베르
그손은 이것을 실재적 운동이라고 부르면서, 이 실재적 운
동은 한 사물의 이동이라기보다 한 상태의 이동이라고 설
명한다.[22]

개체-화와 주체-화

　「생명과 인지」가 지각과 기억이라는 두 가지 인지형태
의 메커니즘과 상호관계를 설명하면서 지각하고 기억하는
신체(개체)를 실재적 운동이라는 소용돌이의 일부로 설정
한다면, 이 책의 2장 「이-것-되기로서의 주체-화」(이정
우, 이하 「주체-화」)는 개체에 대한 낡은 실체론적 접근은
물론이고 그것과 대척적인 지점에 있는 개체에 대한 일체
의 환원주의까지 동시에 비판하면서 개체를 개체-화로 이
해하고, 새로운 동일성의 생성(이-것-되기)으로서의 주체
-화를 사유하려는 시도이다. 「주체-화」의 주요 논적은 일
관되게 환원주의에 두어지는데, 그 환원주의는 다양한 형

---

21. 앙리 베르그손, 『물질과 기억』, 409쪽.
22. 같은 책, 338쪽.

조르주 퀴비에(Georges Cuvier, 1769~1832)

태를 취한다. 개체를 종種/유類의 한 예로, 형상/리理의 구현체로, 전체의 양태 또는 계기로 이해하여 개체 이상의 것에 포섭시키는 사유법(존재론적 환원주의)이나 혹은 개체 이하의 것들로 환원하여 '~자子'라든가 '~소素'로 이해하는 방법(생물학적 물리학적 환원주의), 혹은 구조나 무의식과 같은 심층수준으로 환원하는 것(구조주의적 환원주의) 등이 그것이다.[23] 개체를 그 자체와는 다른 무엇으로 환원시킬 때 나타나는 결과는 주체의 위상의 약화이다.[24] 「생명과 인지」가 인지와 생명의 연결을 복원하기 위해 중세 이후 시작된 그 분리의 역사를 탐구하듯이, 「주체-화」 역시 환원주의를 극복하기 위해 데카르트에서 시작된 환원주의 프로그램의 역사를 탐구하고 그것과 맞선 투쟁의 역사를 서술한다. 퀴비에는 통약불가능한 네 개의 도안을 강조함으로써 생명의 사다리 이미지를 깨뜨리고 생명계를 갖가지 불연속을 품고 있는

---

23. 이 책의 2장 「'이-것'-되기로서의 주체-화」, 116~7, 119쪽
24. 같은 글, 119쪽.

곳, ‘도약’이 중요한 역할을 하는 곳으로 사유할 수 있게 했다. 라마르크의 환경 개념은 생명개체를 무기물과 상호작용하는 유기물로 볼 수 있게 했다. 비샤는 생명을 죽음에 저항하는 기능들의 총체라고 봄으로써 개체들을 역동적인 존재로 보게 했다. 그리고 진화론은, 개체를 본질의 특정한 발현으로 이해하는 존재론적 환원주의에 대한 투쟁 속에서 비로소 정립된 관점이다.[25]

본질론적 환원주의에 맞서 생명체의 독특성을 인식하려한 이 노력들은, 이내 새로운 실험방법과 실험장치를 사용하는 물리화학적 환원주의에 의해 덮이게 되는데 세포의 발견이 그 전환점이 된다. 이후 개체들의 독특성은 세포들의 보편성이라는 바다로 용해되며 개체는 세포들의 군체로 단순화되거나 세포들의 분열과 결합에 의해 생식되어가는 생명전체의 용기容器로 되어 버린다. 그 결과는 진화의 주체를 종種에서 염색체, 유전자, DNA 등으로 끌어내려 도킨스처럼 ‘유전자가 진화한다’고 말하도록 만든다. 「주체-화」는 “생식세포 중심의 생물학적 지식과 개체의 독자적인 위상에 대한 현실적 경험을 어떻게 화해시킬 것인가?”[26]라는 문제의식 속에서, 생명체의 본질을 유전자

---

25. 같은 글, 130쪽.
26. 같은 글, 141쪽.

리처드 도킨스(Richard Dawkins, 1941~)

나 또는 다른 어떤 물질들로 환원하는 것에 반대하고 "물질들의 새로운 조직화를 통해서 새로운 동일성 — 시간이 도래시키는 차이들과 화해하는 동일성 — 을 만들어가는 능력 자체"[27]를 생명체의 본질로 파악함으로써 진화를 시간 속에 위치시킨다. 이것은, 진화의 운동을 목적과 무관한 내적 추진력으로서의 '생명의 약동'에 의해 설명하면서 생명은 부단한 변화 속에 있고 그 변화의 진행과정은 예측할 수 없다는 「생명과 인지」의 생명 진화의 개념을, 물질의 새로운 조직화를 통한 새로운 동일성의 생성이라는 주체적 관점에서 재서술하는 것으로 읽을 수 있다. 주체적이고 윤리적인 진화라는 생각은 「생명과 인지」에서 '문화적 진화'라는 생각으로 나타났던 것, 즉 "진화에서 인간의 특별한 점은 위와 같은 뇌의 가소성을 이용하여 무수한 발명과 창조의 도구들을 만들어 내고 오늘날의 기계문명을 이룩한 데 있"으며 "생명 진화에서 항구적인 것이 있다면 그것은 물질에 비결정성을 삽입하려는 집중적인 힘, 그리고 일단 형성된 생명의 형태들이

---

27. 같은 글, 158쪽.

거기서부터 무언가를 얻어 내려는 노력"[28]에 있다는 생각과 연결된다. 문화, 주체, 윤리 등이야말로 물질에 비결정성을 삽입하는 양식들이기 때문이다.

새로운 동일성의 생성이라는 관점에서 보면 개체는 유전자에 의해 결정되지 않는다. 오히려 유전자의 활동이 개체 전체의 유기적 활동 위에서 이해된다. 그리고 생명의 진화를 결정하는 것으로 이해되는 코드들은, 실제로는, 생물학적인 코드가 아니라 문화적이고 정치경제적인 코드로 이해되고 일종의 기호체제로서 시간 속에서 만들어진 것으로 이해된다. 그러므로 유전자 결정론과 같은 코드 결정론들은 생명체의 노력에 의한 생산물을 생명의 원인으로 간주하는 전도된 의식이다.

생명개체들은 운명적으로 외부를 갖게 되고 그 외부에 노출된다. 존재 그 자체는 내재적이지만 개체의 수준에서 존재자들은 외부적인 것과의 만남 및 헤어짐을 통해 존재하는 관계존재이기 때문이다.[29] 새로운 동일성의 생성은 개체의 자기생산이지만 그것은 모든 내부 규정성들을 초월하는 외부와의 관계를 통해 이루어지며 그러한 관계 자체가 개체를 가능케 한다.[30] 이것은, 개체가 다른 개체들과

---

28. 황수영, 「생명과 인지」, 110쪽.
29. 이정우, 「'이-것'-되기로서의 주체-화」, 162쪽.

의 관계맺음을 통해 다른 개체로 환원되지도 않고 자기 내에 머물지도 않으면서 개체성을 확장해 나가는 과정이다. 이것이 확장된 개체로서의 '이-것'의 생성논리이다. 이것은, 개체가 매개를 통해 특수성이나 보편성으로 이행하는 것(헤겔)과는 다르며, 매개되지 않는 개체 그 자체의 단독성을 강조하는 것(슈티르너, 키에르케고르, 실존주의)과도 다르다. 확장된 개체는 단일자도 단독자도 아닌 존재, 타자들의 접속을 통해 생성되는 여럿-하나, 다양체인 개별자, 역동적이고 복합적인 하나로서의 특이존재이다. 개체의 이 확장 과정이 개체-화이다.

이렇게 개체-화에서 출발점은 개체들이었지만 개체-화의 발견은 이제 개체들을 오히려 개체-화의 관점에서 이해하도록 만든다.[31] 개체는 이제 준안정 상태의 물질적 바탕이 불안정을 극복하고 개체-화되는 과정으로, 새로운 동일성의 형성과정으로 나타난다. 이것은 생물학적 개체 생성에서만이 아니라 물리적, 심리적, 사회적 개체 생성에서도 확인할 수 있는 것이다. 요컨대 이 개체-화의 과정은 사물, 기술, 인간 등 다양한 존재자들의 접속과 연합을 통해 이루어진다. 하지만 인간은 이 속에서 고유한 역할을

---

30. 같은 글, 166쪽.
31. 같은 글, 178쪽.

갖는 존재이다.[32] 개체-화는 필연적으로 이질적 존재들 사이의 갈등과 타협을 포함하며, 여럿 사이의 외부성과 하나로의 내부화를 둘러싼 각종 문제들을 함축한다. 이런 의미에서 이-것-되기는 새로운 '삶의 존재양식을 둘러싼 실험'[33]이며 바로 이런 의미에서 윤리적인 문제이다. 여기에서는 "우리가 어떤 존재로서 '존재할까'라는 존재론적 물음"이 "어떻게 '행위할까'"라는 윤리학적 물음과 통합된다.

「주체-화」는, 이 윤리학적 물음이 우리 시대에는 세 가지의 장애물들과의 투쟁을 함축한다고 말한다. 첫째는 생명체-개체에 대한 집착으로서의 아집에 대한 투쟁인데, 이것은 개체의 해체가 아니라 개체의 창조적 확장을 통해, 개체를 다양체에 속하게 하는 것을 통해 극복할 수 있다(생명의 귀환). 둘째는 보편성-특이성의 면을 기표화하여 일반성-특수성의 체계를 구축하는 기표체제에 대한 투쟁인데 이것은 기표체제의 망을 찢고 새로운 이-것을 창출하는 노력을 요구한다(주체의 귀환). 셋째는 이-것-되기의 환경을 이루면서도 모든 이-것-되기를 자본에 종속시키는 자본주의에 대한 투쟁인데, 이것은 자본주의의 이중성에 주목하면서 노동을 이-것-되기의 과정으로, 새로운

---

32. 같은 글, 182쪽.
33. 같은 글, 같은 쪽.

다양체의 생성과정으로 만들어 나가는 것이다(노동의 귀환).[34] 생명, 주체, 노동의 귀환을 추구하는 것을 통해 「주체화」는 '생명과 인지'에 대한 철학적 탐구를 '주체와 윤리'에 대한 관심으로 발전시킨다.

구조 자율성과 행동 자율성

3장으로 실린 「자율성의 과학은 가능한가」(최호영, 이하 「자율성」)는 "삶의 주체로서 살고자 하는 인간의 바람"에 부응하는 과학, 즉 인간의 주체-화에 기여하는 과학이 무엇인가라는 문제의식 속에서 생물을 자율적 체계로 다루려는 생물학적 시도인 자기생산체계이론과, 개인을 주체로 다루려는 비판심리학을 검토한다. 이것은, 「주체-화」에서 시도된 '주체와 윤리'의 문제설정을 과학 비판이라는 방식을 통해 수행하는 것이라고 이해할 수 있다. 이 글에서 주체-화에 대한 관심은, '무엇이 자율적인가?' 혹은 '자율적인 것은 무엇인가?'라는 물음을 중심으로 전개된다. 우리는 이 물음을 「주체-화」에서 서술되었던 물음, 즉 "진화의 주체는 무엇인가? 무엇이 진화하는 것인가? 종의 진화인가, 개체군의

---

34. 같은 글, 187~9쪽.

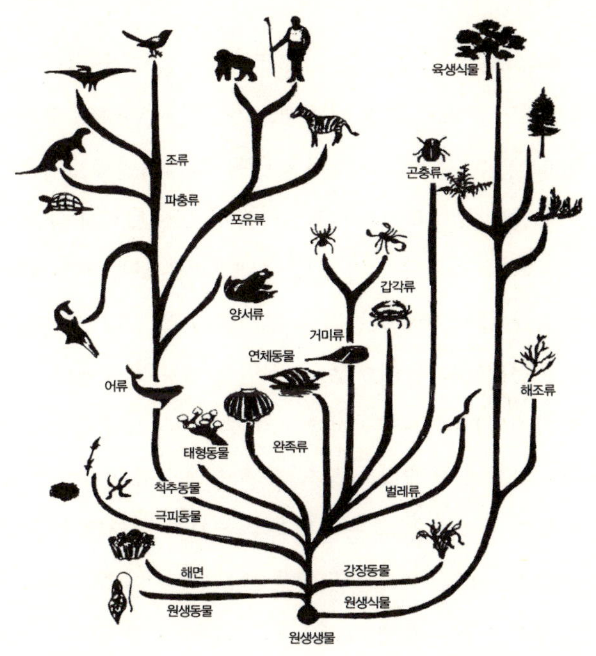

〈단순화한 생명의 계보〉(*The Evidence of Evolution* by Nicholas Hotton III, 1968)

진화인가, 아니면 개체들의 진화인가?"[35]라는 물음을 다른 방식으로 제기하는 것으로도 읽을 수 있다. 진화e+volvere를 감겼던 것의 풀림, 즉 자기-생산과 자기-확장이라고 이해한다면, 진화하는 것은 자율적인 것으로 간주될 수 있을 것이고 진화의 주체와 자율의 주체가 서로 겹칠 수 있을

---

35. 같은 글, 154쪽.

것으로 보이기 때문이다.

「자율성」이 먼저 검토하는 것은 생물을 자율적이고 자기생산적인 체계라고 선언한 마뚜라나와 바렐라의 자기생산체계이론이다. 「자율성」에 따르면, 자기생산체계이론은 명령의 문법에 따라 움직이는 타율적 생산체계와 대화의 문법에 따라 움직이는 자율적 생산체계를 구분한다. 여기서 자율적 체계의 인식능력은 문제를 푸는 능력이 아니라 문제를 정의하는 능력으로 정의된다. 자율적 체계의 행동은 자기지시적이자 재귀적으로 이루어지는 고유행동이기 때문에 자율적 체계의 생물은 환경에 단순히 적응하는 것이 아니라 환경과 함께 공진화하는 것으로 이해된다. 자기생산체계이론은, '우리가 무엇을 보는가는 우리가 어떤 개념을 가지고 있는가에 따라 달라진다'는 전제 위에서 "(a) 설명할 문제로 간주되는 현상을 관찰하기 (b) 관찰된 현상과 동형의isomorph 현상을 산출할 수 있는 결정론적 체계의 형태로 설명 가설을 제시하기"[36]를 작업과제로 삼는다. 「자율성」은 이러한 작업과제를 갖는 과학적 설명을, "설명할 현상 또는 대상이 무엇으로 구성되어 있는가라는 물음에 대한 대답이며, 현상 또는 대상의 구조를 밝히고자 한다는 의미에서 구조적 설명이라고 부를 수 있"[37]다고 말한다.

---

36. 이 책의 3장 「자율성의 과학은 가능한가?」, 199쪽.

움베르또 마뚜라나(Humberto Maturana, 1928~)

실제로 마뚜라나는 '체계의 상태변화가, 즉 체계를 정의하
는 조직이 해체되지 않은 채 일어나는 체계의 구조변화가
체계와 무관한 작인을 통해서가 아니라 체계의 구조를 통
해서 결정되는 체계'를 구조결정된 체계로 본다. 그리고
마뚜라나와 바렐라는, 생물이 자신의 환경에서 벌이는 효
과적인 행위를 설명할 현상으로 제시하고, 생물의 자율적
조직, 즉 적응을 유지한 채 일어나는 계통발생적 표류와
개체발생적 표류인 구조접속을 설명가설로 제시한 후,[38]
생물은 바로 구조결정된 체계라는 점에서 자율적이라고

---

37. 같은 글, 201쪽.
38. 움베르또 마뚜라나 · 프란시스코 바렐라, 『앎의 나무』, 최호영 옮김, 갈
　　무리, 2007, 37쪽.

말한다. 생물이 자율적 체계인 한에서 환경의 구조는 자기생산개체의 구조에 변화를 유발할 뿐, 그것을 결정하거나 명령할 수 없고 그 역도 마찬가지다.[39] 그리고 이들은 또 생물을 자율적 체계이게끔 하는 기제를 자기생성이라고 부르며 이 자기생성이 생물의 자율성을 특징짓는다고 한다.[40] 요컨대 생물은 구조결정된 체계이며 그런 한에서 자율적 체계이고 생물의 자율성은 자기생성에서 찾을 수 있다는 것이다.

마뚜라나와 바렐라에 따르면, 자율적 체계는 자기가 따르는 법칙이나 자기에게 고유한 것을 스스로 결정할 수

---

39. 「자율성」은, 자율적 체계에서도 명령적 상호작용과 그렇지 않은 상호작용을 체계와 환경의 상호작용 맥락에서 특정 기준에 따라 충분히 의미 있게 적용할 수 있는 개념들로 보면서 상관의 명령에 따라 행동하는 것과 동료와 나눈 대화를 바탕으로 행동하는 것을 개인의 행동 수준에서 충분히 의미 있게 구별하고 관찰할 수 있다고 서술한다. 즉 환경의 구조가 자기생산개체의 구조를 명령할 수 있다고 서술한다. 그러나 예로 들어진 것, 즉 상관의 명령이 부하에게 일으키는 행동변화가 키보드에 대한 명령이 스크린에 일으키는 변화방식과 동일하다고 보기는 어려울 것 같다. 상관의 명령과 부하의 행동은 키보드에서와는 달리 부하의 구조에 따른 미결정의 여지를 남긴다. 동일한 사람이 상관의 명령에 복종할 수도 있고 불복종할 수도 있다는 점에서, 다시 말해 상관의 명령은 오직 부하의 내적 상태에 따라 바라는 바의 효과를 거둘 수도 있고 거두지 못할 수도 있다. 이런 점에서, 부하에 대한 상관의 명령이라는 사례가 '명령에 따른 행동'도 '대화에 기초한 행동'과 마찬가지로 개인의 구조적 특성을 바탕으로 이루어진다고 보는 마뚜라나 설명에 대한 반론이 될 수 있을지는 의문이다. 최호영, 「자율성의 과학은 가능한가?」, 206~7쪽.
40. 움베르또 마뚜라나·프란시스코 바렐라, 『앎의 나무』, 59쪽.

있는 체계이다. 생물 체계에
서 조직의 유일한 산물은 자
기 자신이며, 생산자와 생산
물 사이에 구분이 없다. 즉
존재와 행위가 나누어지지
않는다. 이 자기생산이 생물
체계의 자율성이다.

프란시스코 바렐라(Francisco Varela,
1946~2001)

그런데 이 자기생산은
동일한 것의 반복적인 재생산을 의미하지 않는다. 살아
있는 체계의 자율적 자기생산은 어마어마한 다양성과 번
식능력을 보여준다. 자기생산적이면서 동시에 다양하다
는 점, 다시 말해 정체성을 유지하면서 이 정체성이 유지
되는 방식에서는 다양한 변화가 있다는 점에 "살아 있는
체계의 현상계가 우리에게 던지는 근본 과제"[41]가 있다
고 마뚜라나는 말한다.

자기생산적인 것이 다양성의 생산으로 되는 메커니즘
은, 일차적으로는, **구조접속과 개체발생**에 의해, 다음으로는,
그 구조접속이 2차, 3차의 메타개체를 발생시키는 **구조변
화의 표류**에 의해 설명된다. 예컨대 세포들은 구조접속을
통해 서로 밀접하게 연결되고 융합하여 **변형체**가 될 수 있

---

41. 최호영, 「자율성의 과학은 가능한가?」, 211쪽.

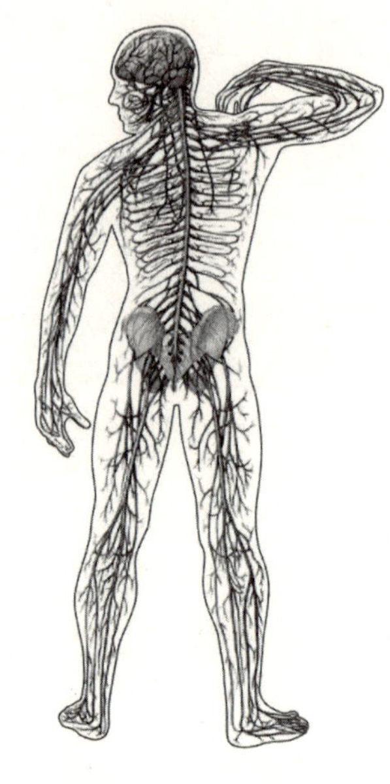

인간의 신경계

으며[42] 세포들이모여 2차, 3차 등급의 메타세포적 개체를 이룰 수도 있고,[43] 그 메타세포적 개체는 다시 복합체로서 자신의 구조에 상응하는 구조접속과 개체발생을 겪게 되는 과정이 반복되기 때문이다.[44] 생물에게서는 1차 등급의 개체든 그 이상의 등급의 개체든 자기생성을 줄곧 유지하는 가운데 구조적 결정과 구조접속이 실현되며 생물에게 일어나는 모든 일은 이 자기생성과정을 전제한다는 것이다.[45]

이러한 생물 자율성의 개념에 대해 「자율성」은 세 가지 문제를 제기한다. 이제 이것에 대해 살펴보기로 하자. 첫째 「자율성」은, 마뚜라나와 바렐라가 자율성을 행동의

---

42. 움베르또 마뚜라나 · 프란시스코 바렐라, 『앎의 나무』, 93쪽.
43. 같은 책, 94쪽.
44. 같은 책, 같은 쪽.
45. 같은 책, 117쪽.

수준이 아니라 구조의 수준에서 정의한다고 본다. 확실히 마뚜라나와 바렐라는 행동의 수준이 아닌 구조 수준에서 개체의 자율성을 정의한다. 이들은 행동의 수준에서는 생물의 자율성이 정의될 수 없다고 본다. 왜냐하면 생물의 행동이란 자율적인 것이라기보다 신경계 활동의 내적 관계에 따라 생기는 움직임일 뿐이며, 개체 자신이 아니라 관찰자가, 특정 환경에 관련시켜 생물 개체가 일으키는 자세변화 또는 위치변화를 생물 개체의 행동이라고 기술할 뿐이기 때문이다. 게다가 생물 개체의 행동은, H_2O의 구조를 갖는 물질이 0도에서 얼고 100도에서 끓는 식의 동일한 '행동'을 보이는 것과는 달리, 커다란 다양성을 보이기 때문에 정체성의 자기생성을 확인할 길이 없다.

둘째 「자율성」은 바렐라가 제기하는 '조직적으로 닫힌 체계'가 '구조결정된 체계'의 개념과는 달리 행동의 수준에서 자율성을 정의하는 듯하면서도 일관되지는 않는 어떤 애매함을 남긴다고 서술한다. 『앎의 나무』에서 마뚜라나와 바렐라는 구조 수준에서 자율적이라는 것이 곧 자기생산적인 것과 동일시될 수 있는 것이 아니라고 썼다. 구조수준에서 자율적인 체계들 중에서 오직 생물적 자율성만이 자기생산적이다. 바렐라가 말하는 조직적으로 닫힌 체계[46]의 개념은, 자기생산 체계의 개념보다는 구조적으로 결정되는 체계의 개념과 더 가깝다. 구조적으로 결정되는 체계들 모두가 자기생산체계가 아니듯이 바렐라가 말하는 조직적으로 닫힌 체계 역시 모두 자기생산적 체계가 아니기 때문이다. 그러므로 조직적으로 닫힌 체계의 자율성이 자기생산적 자율성의 특성인 생산자와 생산물, 존재와 행위의 통일을 전제하지 않는 것은 비생물적인 구조결정된 체계의 개념에서 보면 일관된 것이며, 그 체계의 자율성이 체계의 행동 수준에서 일관되게 자율성을 정의하는 것을 의도하지도 않는다는 점 역시, 바렐라에게서 이전과는 새로운 자율성 개념이 제안되고 있음을 보여준다기보다 마뚜라나/바렐라가 설정한 애초의 구조 수준의 자율성 정의 방식에서 따라 나오는 어떤 것으로 읽힌다.

셋째 좀더 복잡한 문제제기가 있다. 「자율성」은 마뚜라나와 바렐라가 메타개체에서는 자율성을 구조수준이 아니라 행동수준에서 설명한다고 말한다. 그러므로 이들의 메타개체에서의 자율성의 정도에 대한 논의가 구조결정된 체계에서의 자율성 개념과는 달리 행동 수준에서 자율성을 정의하는지를 살펴보아야 한다. 마뚜라나와 바렐라가 어떤 의미에서 자율성을 정의하는지를 이해하기 위해 좀 긴 해당 대목 전체를 옮겨보자.

---

46. 최호영, 「자율성의 과학은 가능한가?」, 213쪽.

유기체와 사회는 같은 부류의 메타체계Metasystem에 속한다. 메타체계는 자율적 개체들이 결합해 생기는데, 이때 개체가 세포든 메타세포체든 상관없다. 관찰자는 이 부류의 여러 메타체계들을 그 구성요소들의 자율성 정도에 따라 구분해볼 수 있겠다. 구성요소들이 자율적 개체로서 자기를 실현하는 일이 메타체계에 참여하는 일에 따라 얼마나 좌우되는가를 척도삼아 메타체계들을 늘어놓으면, 인간의 사회적 체계와 유기체가 양쪽 끝에 놓일 것이다. 이때 유기체란 최소의 자율성을 가진 구성요소들, 곧 아주 조금만 독립해 있는 구성요소들로 된 메타체계인 셈이다. 반대로 인간 사회란 최대의 자율성을 가진 구성요소들, 곧 여러 차원에서 독립해 있는 구성요소들로 된 메타체계인 셈이다. 사람 이외에 곤충 같은 메타세포체들로 이루어진 사회는 척도 두 끝 사이에 놓일 것이다. 메타체계들 사이의 이런 차이란 작업적 성질의 것이므로, 때에 따라 메타체계의 상대적인 내부 역동성이 변하면 체계는 척도 이쪽 또는 저쪽으로 옮아갈 수도 있다. 예로서 인간의 사회적 체계와 유기체를 비교해보자. 유기체는 메타세포적 체계로서 구성요소인 세포들 사이의 구조접속을 통해 생긴 작업적 폐쇄성을 가진다. 유기체 조직의 가장 중요한 측면은 유기체의 존재방식에 있다. 곧 유기체는 자기가 개체로 있는 환경에서 구성요소들의 특별한 속성이 어떻든 적응을 보존할 수 있게 해주는 안정된 속성을 가지고 작업하지 않으면 안 된다. 이것이 진화에 미친 영향은 아주 크다. 왜냐하면 계통마다 유기체들이 적응을 보존하는 가운데 그 구성요소인 세포들의 속성이 재귀적 선

찰스 다윈 (Charles Robert Darwin, 1809~1882)

택과정을 통해 안정되기 때문이다. 종마다 유기체 안의 세포활동이 유전적·개체발생적으로 안정되어 있다는 점, 또 유기체의 '규범'을 어긴 세포들을 없애는 유기적 과정들이 있다는 점이 그것을 증명한다. 인간의 사회적 체계에서는 사정이 다르다. 물론 인간의 사회적 체계도 인간들의 공동체로서 구성원들 사이의 구조접속을 통해 생긴 작업적 폐쇄성을 가진다. 그러나 인간의 사회적 체계는 언어의 영역에서도 개체로서 존재한다. 따라서 인간의 사회적 체계의 정체Identität란 인간들이 유기체로서 적응을 보존하는 일반적인 일에 따라 좌우될 뿐 아니라, 언어영역의 구성요소로서 적응을 보존하는 일에 따라서도 좌우된다. 언어행동의 발달로 이어진 인간 진화의 역사는 언어영역을 가능케 한 행동의 개체발생적 신축성이 선택된 역사라 하겠다. 동시에 이것은 인간이 유기체로서 적응을 보존하려면 언어영역에서 작업하면서 그것에 필요한 신축성을 보존해야만 하게 된 역사다. 유기체가 있으려면 구성요소들의 작업적 안정이 반드시 필요하듯이 사회적 체계가 있으려면 구성요소들의 작업적 (곧 행동의) 신축성이 반드시 필요하다. 그리고 유기체가 구성요소들의 비언어적 구조접속을 필요로 하듯이 인간의 사회적 체계는 언어영역에서 구조적으로 접속된 구성요소들을 필요로 한다. 언어영역에서 구성원들은 언어로 작업할 수 있으며, 그럼으로써 관찰자가 된다. 유기체의 작업방식에서 가장 중요한 것은 유기체 자체다. 그것을 이루는 구성요소들의 속성은 제한을 받는다. 거꾸로 인간의 사회적 체계가 작업할 때 가장 중요한 것은 구성요소(구성원)들이 산출한 언어 영역과 구성원들 속성의 확장이다. 이것은 구성요소들의 존재영역인 언어가 실현되기 위한 필요조건이다. 유기체는 그것을 이루는 개체들의 개별적 창조성을 제한한다. 곧 개체들이 유기체를 위해 존재한다. 인간의 사회적 체계는 구성원들의 개인적 창조성을 넓힌다. 곧 체계가 구성원들을 위해 존재한다. 유기체에서 구성요소들의 관계와 상호작용이 응집과 조화를 보이는 까닭은 유기체가 개체로서 발달할 때 유전적·개체발생적 요인이 구성요소들의 구조적 신축성을 제한하기 때문이다. 인간의 사회적 체계에서 구성요소들의 관계와 상호작용이 응집과 조화를 보이는 까닭은 그 체계 안에서 구성원들이 사회적 학습과정을 통해 응집적이고 조화롭게 자라기 때문이다. 이 사회적 학습을 정의하는 것은 그때그때의 사회적(언어적) 작업이며, 이런 작업은 구성원들이 유전적·개체발생적 과정을 통해 구조적 신축성을 지니게 됨으로써 가능한 것이다. 그러므로 인간의 사회적 체계와 유기체는 온갖 등급의 세포체계들이 결합해 생긴 메타체계들의 척도에서 서로 반대쪽 끝에 있다.[47]

여기서 마뚜라나와 바렐라는 메타세포체의 **구성요소들**이 보이는 행동수준의 자율성의 정도(안정성과 신축성)를 메타세포체의 구조적 특성을 통해 정의한다. 유기체의 구성요소들이 낮은 자율성을 갖는 것은 그 **구조상 구성요소**들의 높은 안정성을 요구하기 때문이고(이것은 유기체의 '규범'을 어긴 세포들을 없애는 유기적 과정의 역사에 의해 산출되었다) 사회의 구성요소들이 높은 자율성을 갖는 것은 사회라는 메타개체가 구성요소들의 높은 안정성을 **구조적으로** 요구하기 때문이다(이것은 언어영역을 가능케 한 행동의 개체발생적 신축성이 선택된 역사에 의해 산출되었다). 구조결정적 자율성은 행동에서의 안정성으로 나타날 수도 있고 행동에서의 신축성으로 나타날 수도 있는데,

---

47. 움베르또 마뚜라나·프란시스코 바렐라, 『앎의 나무』, 227쪽. 강조는 인용자.

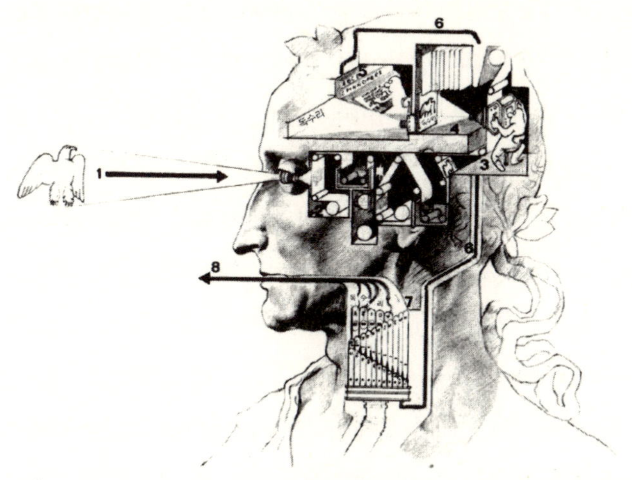

인간이 세계를 인식하는 방식에 대한 표상주의적 비유

이것은 구조결정적 정체성의 생산이 행동과 진화에서의 무한한 다양성을 허용한다(구조변화의 표류)는 주장의 다른 표현이다.

　이상 세 가지 문제제기를 다시 생각해 봄으로써 우리는 마뚜라나와 바렐라의 (개체 구성요소들의 자율성과 혼동될 수 없는) 개체 자율성 개념이 일관되게 행동의 수준이 아니라 구조의 수준에서 정의되고 있다고 보아도 좋다는 결론을 내릴 수 있다. 그럼에도 불구하고 「자율성」의 문제제기는 소진되지 않고 그것에 남아 있는 근본적 문제의식은 여전히 중요한 것으로 남아 있다. 내가 보기에 그것은, 자율성이 행동의 수준이 아니라 구조의 수준에서 설명하는 것으로는 현실에의 실천적 개입의 가능성을 설명할 수 없다는 문제의식이다. 마뚜라나와 바렐라의 생각에 구조변화의 표류를 통한 개체발생의 개념이 존재하지만 그것으로는 적극적이고 행동적인 사회변화를 설명하기는 어렵고 특히 주체의 관점에서 사회변화를 유발하는 문제는 이 설명 틀의 바깥에 방치되는 경향이 있다. 이것을 설명영역의 내부로 끌어들여오고 이것으로부터 출발하는 관점은 불가능할까? 이러한 문제의식에 따라 「자율성」은, 자율성을 구조 수준이 아니라 행동 수준에서 정의할 수 있는 개념적 방법을 모색한다. 그것은 문제틀을 뒤집는 것, 즉 구조결정론과는 반대로 구조결정을 행동과 진화의 다양성과 신축성의 관점에서 바라봄으로써, 즉 구조를, '가능한 행동들의 도안'으로 이해함으로써 가능해진다. 「자율성」은 클라우스 홀츠캄프의 비판심리학이 바로 그러한 자율성 정의를 제시하고 있다고 본다. 홀츠캄프의 비판심리학은 생물과 인간을 구분한다. 생물은 공진화 속에서도 여전히 자신의 본능에 충실한 자연적 존재로 남아 있고 이럴 때 자연과 상호작용하는 생물의 기본 활동형태는 적응임에 반해, 인간은 자연과 주고받는 물질대사를 통해 자신의 본성을 계속 변화시키는 역사적 존재가 되며 이때 인간의 기본 활동형태는 노동이라는 것이다.[48] 이것은, "노동과정은 일단 모든 특정한 사회적 형태와 무관하게 고찰될 수 있다. 노동은 일단 인간과 자연 사이의 과정이다. 다시 말해 인간이 자신의 활동을 통해 자연과 주고받는 물질대사를 매개하고 조정하며 통제하는 과정이다. 인간은 스스로가 자연의 힘으로서 자연의 물질과 대면한다. 인간은 자신의 몸에 딸린 자연의 힘을, 팔과 다리, 머리와 손을 작동시켜 자연의 물질을 자신의 삶에 유용한 형태로 획득한다. 인간은 이런 운동을 통해 자기 밖에 있는 자연에 작용을 가하고 그것을 변화시킴으로써 동시에 자기 자신의 본성을 변화시킨다."[49]는 『경제학-철학 수고』에서의 맑스의 관점을 계승하는 것이다. 홀츠캄프가 마뚜라나/바렐라와 구분되는 지점은, "사회 전체로 볼 때는 여전히 개인들의 활동이 있어야만 사회체계가 유지되므로 사회적인 행위필요성이 존재하지만 이런 사회적 행위필요성이 이제 개인의 입장에서는 매순간 사회적 재생산에 참여할 수도 있고 안 할 수도 있는 행위가능성으로 나타나게 된다."[50]는 인식전환에 있다. 마뚜라나와 바렐라는 구조결정된 체계의 관점에서 생물의 자기생산적 자율성을 조망

---

48. 최호영, 「자율성의 과학은 가능한가?」, 223~4쪽.
49. 같은 글, 222쪽 인용.
50. 같은 글, 225쪽.

하고 있음에 반해 홀츠캄프는 그것을 개체의 행위가능성이라는 관점에서 재조망하면서 주체성의 새로운 가능성을 모색한다.

이 전환 속에서 등장하는 개념적 성과가 행위능력 개념이다. 행위능력이란 단순히 개인의 행위가능성을 뜻하는 것이 아니라 개인적 재생산과 사회적 재생산을 매개하는 개념이며 "다른 사람들과 연대하여 내게 그때그때 개인적으로 중요한 생활조건에 대한 지배력을 획득할 수 있는 능력"[51]이다. 이것은 개인의 심리현상을 사회적 관계에서 고립된 개인 현상으로 다루는 대신에 자신의 생활조건을 스스로 만들고 변화시켜 간다는 행동적이고 주체적인 관점에서 파악할 수 있는 개념적 도구이다. 이 행위능력은 매순간 구체적인 상황 속에서 사회적 생활조건에 대한 지배가능성을 실현하려고 노력하는 '일반화된 행위능력'과 현존하는 관계 속에서 지배세력에 협조함으로써 개인적 재생산을 추구하는 '제한적 행위능력'으로 발현된다. 전자는 노동의 논리와 유사한 것으로 삶을 이끄는 심리변화를 가져옴에 반해 후자는 적응의 논리와 유사한 것으로 삶과 유리된 내면적 사태로 경험된다. 부르주아 심리학은 후자를 일반화함으로써 전자의 발현방식을 은폐하고 억제한다. 이 경향에

---

51. 같은 글, 226쪽.

서 심리학은, 실험 조건을 언제나 변경할 수 있는 실험자가 고안한 조건에 대한 피실험자의 반응만을 분석하는 심리학으로 되며, 이때 실험자의 연구관심 밖에 있는 피험자의 주관성은 실험의 독립변인과 종속변인의 관계를 파악하는 데 방해가 되는 교란요인으로 취급된다. 여기서 실험 상황을 통제하는 유일한 주체인 실험자는 심리학 연구의 범위 밖에 있는 예외존재로 행세하는데 홀츠캄프는 이런 조건모형에 기초한 심리학은 현존 사회의 지배관계를 연구 상황에서 재현하고 있는 통제과학이라고 비판한다.[52] 그는 이러한 모형을 거부하면서 정당화모형Begründungsmodell을 제안한다. 이것은 실천적인 삶의 연관 속에서 행위의 정당화란, 행위의 이유와 행위의 결과 사이의 순전히 논리적인 관계와도 다르고 현상학에서 말하는 순수한 '지향성'Intentionalität 과도 구별되는 것으로, "그때그때의 구체적인 상황 속에서 …… 행위자의 이해(욕구, 이익 따위)로부터 행위의 이유가 도출될 수 있을 때, 따라서 이런 의미에서 그의 행위가 '충분히 근거 있는', 다시 말해 '이성적인' 또는 '합리적인' 것으로 보일 때, 자신의 또는 타인의 행위는 '근거 있는' 또는 '이해될 수 있는' 것으로 파악"[53]되는 모형이다.

---

52. 같은 글, 229쪽.
53. 같은 글, 231쪽.

이 모형에 따르면 인간의 모든 행위는 '근거/정당성 있
는' 것인가 '근거/정당성 없는' 것인가의 양자택일 속에 처
하게 되는데, 이때의 양자택일을 홀츠캄프는 인간의 합리
성과 비합리성의 판단기준으로 보지 않고, 우리가 타인을
공동주체Mitsubjekt로 인정하여 그 사람의 '행위의 근거/이
유'에 관심을 가질지 아니면 타인을 상호주관적 소통의 영
역에서 배제하여 그 사람의 '행동의 원인'에만 관심을 가질
지를 결정해야 하는 결단의 문제로 파악한다.[54] 이러한 방
식을 통해 자율성에 대한 홀츠캄프의 개념화는 행동과 결
단의 수준으로 이동한다.

어떤 장치를 구축할 것인가?

이 책에 앞서 출간된 『인지자본주의』는 "생명의 자기
생성활동은 물질형태를 취하는 인지과정이며 이것이 역사
의 근본적 추동력이라는 관점에서 그 자기생성활동의 운
동을 분석한다"[55]는 베르그손-마뚜라나-바렐라적 자기생
성의 관점을 취하면서도, 이 "인간의 자기생성활동은 사회

---

54. 같은 글, 231~2쪽.
55. 이 책의 4장 「포획적 인지장치로서의 자본」, 243쪽.

적 노동을 매개로 전개된다. 그래서 이 책은 근대의 역사
적 자본주의들을 상업활동에 기초한 상업자본주의, 산업
노동에 기초한 산업자본주의, 인지노동에 기초한 인지자
본주의로 시기구분하고 특히 그 중에서 노동의 인지화를
자기생성적 특징으로 삼는 인지자본주의의 내적 변화의
경향과 그 특징들을 밝힌다"[56]는 맑스-홀츠캄프적 목표를
설정했다. 「자율성」이 양자택일해야 할 것으로 본 두 개의
관점이 『인지자본주의』에서는 결합되어 있다. 그 결합의
끈이 무엇일까? 이 책의 마지막에 실린 「포획적 인지장치
로서의 자본」(조정환, 이하 「장치」)은 인지자본(주의)이
라는 이 사회적 메타개체를 존재들의 사회적 관계를 함축
하는 하나의 인지장치로 파악함으로써 이 물음에 일정한
응답을 제시한다. 「장치」는 자기생성활동과 인간의 행위
능력이 직면할 수 있는 제약, 장애, 변형 등을 장치 개념을
통해 파악하면서 그 제약들, 장애들, 변형들, 한계들이 어
디로부터 비롯되며 그것의 성격이 어떠하고 또 그것을 넘
어서 행위능력을 발휘할 수 있는 가능성은 어디서 주어지
는지를 탐구한다. 이 탐구의 방향은, "자본은 생명체가 인
지장치라는 의미에서, 진화가 낳은 성공적인 인지장치인
가? 아니면 인지장치의 오작동 혹은 오작동하는 인지장치

---

56. 같은 글, 243~4쪽.

거리 시위하며 확성기를 든 푸코와 사르트르(왼쪽)

로서 진화의 장애물인가?"[57]라는 물음으로 표현된다.

「장치」가 말하는 장치로서의 자본은 하나의 실체도 아니고 자연법칙처럼 주어지는 경제적 관계도 아니고 오히려 정치적이고 인지적인 전략들(의 관계)이다.[58] 이러한 관점은, 하나의 사회체를 물질적이고 비물질적인 형태의 인지적 장치망에 의해 조직되는 권력구성체로 이해한 푸코의 장치 개념, 신체들의 기계적 배치와 언표들의 집합적 배치를 수평축으로 하고 영토화의 면과 탈영토화의 점들을 수직축으로 삼으면서 '기관 없는 몸'의 불안정한 질료

---

57. 같은 글, 246쪽.
58. 같은 글, 247쪽.

들, 모든 방향으로 가는 흐름들, 자유로운 강렬함들, 유목민과 같은 독자성들, 순간적으로 사라지는 미친 입자들 등을 포획하는 성층작용이자 블랙홀로 기능하는 들뢰즈의 배치 개념, 생명체들의 몸짓, 행동, 의견, 담론을 포획, 지도, 규정, 차단, 주조, 제어, 보장하는 능력을 지닌 모든 것을 장치로 보고 인간화 과정 자체를 장치화 과정으로 이해한 아감벤의 장치 개념 등을 계승한다. 그리고 이 관점은, 무엇보다도, 의식적 발전과 자유의 역량을 가능케 한 두뇌, 언어, 사회 등과 같은 장치들을 생명의 진화로부터 획득한 예외적인 성공으로 받아들이면서도 이 성취가 물질의 습관들에 적응하면서 행동에 유용한 능력으로서의 지성에 특화되고 그 결과 인간 유기체를 생명으로부터 멀어지게 할 뿐만 아니라 심지어 분리시키는 결과를 가져온다는 베르그손의 장치 개념을 숙고하면서 장치를 생명과의 관계에서만이 아니라 물질과의 관계 속에서도 동시에 생각할 필요를 제기한다. 이것은, "권력이나 성층화는 분명히 생명의 역량이 물화되는 것인데, 그 물화를 가져오는 조건은 물질과의 근접성 때문일 것"[59]이라는 생각에 입각한다. 이로부터 장치(망)은 "생명의 필요에 따라 발생하되 그것이 물질과 맺는 관계 속에서 특성화되는 것"[60]이며 그 결과

---

59. 같은 글, 250쪽.

생명 진화의 산물이면서 생명 진화를 억제하는[61] 기능적 이중성을 갖고 있는 것으로 이해된다.

이에 따르면 자본주의는 "생명과 물질 사이에서 작동하면서 생명을 코드화하고 영토화하여 생명을 물질에 적응시키는 인지적 정치적 연결망"[62]인 장치의 역사적으로 특수한 형태로 규정된다. 역사적으로 특수한 것으로서의 자본이라는 장치에 대한 분석은 누구보다도 맑스에 의해 (특히 『자본론』 51장에서) 이루어졌다. 맑스에게 자본은 **분리축적**의 장치, 다시 말해 분리를 통해 잉여가치를 착취하고 수탈하는 장치에 다름 아니다. 분리는 무엇보다도 생산조건으로부터 생산자의 분리로 나타나는데 이것은 생산물의 생산자로부터의 분리, 생산자의 자기자신으로부터의 분리를 규정하는 근본조건이다. 이를 바탕으로 자본주의는 임금노동을 비롯한 무수한 상품형태를 생산하고 생산의 직접적 목적으로서의 잉여가치를 생산하고 자본주의적 사회관계를 생산한다. 그런데 이 과정은 생산자를 자본가의 엄격한 권위와 위계에 종속시키는 권력장치 없이는 지속될 수 없는 것이다.

---

60. 같은 글, 같은 쪽.
61. 같은 글, 261쪽.
62. 같은 글, 251쪽.

인지자본주의에서 자본장치가 겪게 되는 변화는 무엇일까? 우선 생산수단이 물질적 기계장치에서 인지적 알고리즘으로 바뀐다. 이에 따라 노동도 대상에 육체를 적용하는 것으로부터 점차 (베르그손이 진화의 예외적 성취로 간주한 것인) 뇌, 언어, 사회의 자기운동으로 바뀐다. 이와 더불어 상품형태가 일반적 형태에서 특수한 형태로 전화하고 임금노동형태도 노동의 특수한 형태로 된다.[63] 그렇다고 잉여가치의 축적이라는 자본주의의 고유한 목적이 사라지는 것은 아니다. 물론 그것을 달성하는 방식은 변화하는데, 인지자본주의에서 잉여가치의 생산은 산업자본주의에서의 잉여가치 생산에서처럼 노동생산물을 상품으로 만들어 유통시킴으로써가 아니라 특정한 인지장치들을 통해 사람들의 인지활동을 조직하고 그렇게 조직된 인지활동을 가치 술어로 **포획**함으로써 가능해진다.[64] 이러한 필요 때문에 공장, 발전소, 기업, 언론, NGO, 당, 국가, 국제경제기구, 국제군사기구, 유엔, 핵무기 등은 거대한 포획적 인지장치의 구성요소들로 된다. 네그리와 하트가 '제국'이라고 명명한 것은 이 포획적 인지장치를 가리키는 것에 다름 아닌 것으로 볼 수 있다. 이러한 장치도 사회관계와

---

63. 같은 글, 274쪽.
64. 같은 글, 276쪽.

사회적 주체를 생산하는데, 과거와는 달리 사회적 매개의 결과로서가 아니라 직접적이고 의식적으로 생산하는 점에서 차이가 있다. 그것은 이제 출생, 성장, 질병, 노화 등의 거시적 차원에 대한 균형조절만이 아니라 감각, 감정, 지식, 기억, 의지, 판단, 결정 등의 미시적이고 내면적인 차원에 대한 균형을 조절하고 그것에 방향을 부여하는 장치, 요컨대 생물권력이자 생활권력이며 삶권력인 인지적 장치가 된다. 그리하여 인지자본주의는 생명활동의 가능성의 조건[65]을 구축하지만 그 조건 속에서 생명력은 존재론적 삶으로부터 분리되어 잉여가치 생산의 원천으로서 기능하게 된다.

포획장치에 대항하는 생명장치와 행동인의 문제

상황은 이처럼 기괴하다. 하지만 생명은 물질이 가하는 한계를 극복하는 힘으로 지속되어 왔으며 그 중에서도 인간은, 필연성 자체인 물질을 가지고 자유의 도구를 창조해 온 존재이고 기계장치를 제압하는 기계를 만들어 온 존재이며 자연의 결정론을 이용하여 그것이 쳐 놓은 그물코

---

65. 같은 글, 288쪽.

제프 사피(Jef Safi)의 작품. 실험적이고 창조적인 문학/그래픽 아트 저널 『그리고/또는』(And/or) 2호에 실렸다. (그림 출처: http://www.flickr.com/photos/jef_safi/)

를 관통해온 존재이다.

인지자본주의는 지각과 기억의 능력들의 발휘를 통해, 그리고 생명체들의 경쟁이나 생명체들의 협동을 통해 만들어져온 "생명계 전체의 장관"[66]을 축적의 망 속에 포획한다. 그리하여 인지자본주의는 개체-화하고 주체-화

---

66. 황수영, 「생명과 인지」, 110쪽.

하는 생명의 자기생성 과정을 잉여가치 생산과정으로 전
환시켜 왔고 인간의 일반화된 행위능력을 제한된 행위능
력으로 억제해 왔다. 인지자본주의는 이러한 과정을 통해
역사적으로 탄생한 메타개체이다. 마뚜라나와 바렐라는
인간의 사회적 체계를 유기체의 표류적 진화의 산물로 받아
들이면서도 이 둘 사이에는 다른 동물들이 이루는 갖가지
사회적 체계들이 있을 뿐만 아니라 인간 영역에서 생겨나
는 "변질된 사회적 체계"[67]도 있다고 말한다. 그는, 이 변질
된 체계가 "인간들의 공동체이면서도 구성원들의 행동을
모든 차원에서 안정되게 하기 위해 강제 기제를 쓰는 체계
다. 이처럼 강제로 안정된 체계는 '사회적' 체계의 속성을
잃는다. 이런 체계는 구성원들을 비인격화함으로써 비인
간적으로 된다. 이런 체계는 인간의 사회적 체계보다 오히
려 유기체를 더 닮았는데, 도시국가였던 스파르타가 그 예
다."[68]라고 쓴다. 마치 유기체가 그 구성요소들의 자율성에
제한을 가하는 것처럼, 변질된 사회적 체제도 그 구성요소
들의 고유한 자기생성 능력을 왜곡하고 파괴한다. 이것은,
대화의 관계 대신 명령관계를 일반화하는 과정이며 파괴
적 섭동작용을 통해 개체의 자기조직 능력을 깨뜨리는 변

---

67. 움베르또 마뚜라나 · 프란시스코 바렐라, 『앎의 나무』, 227쪽.
68. 같은 책, 227쪽.

화, 즉 '파괴적 변화'의 영역을 확대하는 과정이다.

사회체가 그 구성개체의 자율성을 파괴하면 할수록 개체는 오직 순수한 현재 속에서만 살면서 자극에 대해 직접적으로 반응하는 "충동인"un impulsif으로 되거나 오직 과거 속에 살면서 주어진 상황의 요구에 응답하지 못하는 "몽상가"un rêveur로 된다. 이러한 탈사회적 주체성들과는 다른 주체성이 가능할까? 베르그손은 잘 균형잡힌 정신의 가능성에 주목한다. 그는, 어떤 주어진 상황에서 거기에 관련된 모든 기억들을 신속하게 불러내 삶에 주의를 기울이면서도, 쓸모없거나 무관심한 기억들을 제어하고, 현재적 감각운동적 행동으로부터 생기를 받아 그 행동 속에 순수기억 전체의 에너지를 삽입하는 능력을 가진 행동인l'homme d'action의 가능성을 고려한다.[69] 행동인의 가능성에 대한 베르그손의 생각은 '다른 사람들과 연대하여 내게 그때그때 개인적으로 중요한 생활조건에 대한 지배력을 획득할 수 있는 능력'이라는 홀츠캄프의 일반화된 행위능력과 유사하지만, 그것과 다른 점이 있다면, 주어진 상황에 순수기억 전체의 에너지를 삽입할 수 있는 주의의 능력을 요구한다는 점일 것이다. 새로운 윤리적 주체성에 대한 모색은

---

69. 앙리 베르그손, 『물질과 기억』, 261쪽; Enri Bergson, *Oeuvres*, Presses Univeritaires De France, 1984, p. 294.

이러한 행동인의 창출이라는 문제를 우회할 수도 피할 수
도 없다. 삶에의 주의력과 사회적 연대능력을 주어진 상황
속에서 발휘하는 새로운 행동인의 창출은, 오늘날 인지적
포획장치로 기능하는 자본을 돌파하면서 생명의 가능성의
조건을 혁신하는 새로운 조직화의 모색을 통해서만, 그리
고 다른 인지장치의 발명을 통해서만 달성할 수 있는 과제
일 것이다.

생명과 인지

황수영

들어가는 말

인지활동에서 생명이 왜 문제인가? 생명 현상이 인간을 비롯한 유기체의 활동의 바탕을 이룬다는 것은 당연한 사실이다. 생명을 가진 것들은 활동하기 위해 주변 사물과 환경에 대한 인식을 어느 정도 가져야 하고 그것을 바탕으로 생존을 꾸려 간다. 이런 일반론은 모두의 동의를 얻을 수 있지만 "그래서 뭐 어떻다는 말인가?*so what*"라는 태도 앞에서는 거의 설득적 힘을 잃는다. 다시 말하면 위와 같은 일반론에서는 생명 활동과 인식활동을 분리하여 고찰하는 시도에 아무런 제동도 걸 수 없다는 말이다. 인지과학의 초창기에도 그러했고 지금도 인지주의가 주류인 곳에서는 얼마든지 목격할 수 있는 태도이다. 하지만 이미 일부의 생물학자 혹은 제3 세대 인지과학자들은 이런 태도에 반기를 들면서 생명활동과 인지활동의 직접적 관련성을 주장하고 있다. 사실 이것은 인지과학 내에서만이 아니라 좀 더 거슬러 올라가 서양의 근대철학 전체를 전복시키는 태도라 할 수 있는데, 우리는 인식론 일변도의 근대철학에 대한 급진적 비판을 행한 니체나 베르그손, 프로이트에서 그 단초를 볼 수가 있다.

서양의 근대철학은 정신과 신체의 극단적인 이원적 구

분을 통해 구조화된 지적 체계이다. 명백히 이원론이라 부를 수 없는 경우에도 이러한 이원적 구조 자체를 전복시키기보다는 둘 중 다른 하나가 우세해지는 방식이었다. 가령 유물론적 기계론이나 관념론의 경우 물체로서의 신체 그리고 관념으로서의 정신을 각각 부각시키지만 그것들은 순수한 실체로 주장된 물체 혹은 정신인 한에서 이미 이전에 존재하던 극단적 이원론 내에서 주조된 것이다. 그 결과 중세 기독교의 영향이 약화된 후에도 인간의 신체는 '기계'이거나 '약화된 정신'이거나 '외화된 관념'이었지 생명 자체는 아니었다. 사실 근대적 이원론 안에 생명은 존재하지 않았던 것이다.

서양의 고대에는 프네우마Pneuma 또는 프시케Psyche와 같이 생명을 지칭하는 단어들이 실제적 의미를 가지고 있었다. 아리스토텔레스의 『영혼론』은 기독교적 의미의 독립된 영혼이 아니라 감각이나 운동, 성장과 같은 육체와 결부된 생명의 구체적 문제들을 다룬다. 고대인들은 생명과 더불어 살았다고 할 수 있다. 물론 자연과의 분리보다는 조화 혹은 통합을 지향한 동양의 전통에서도 마찬가지이다. 그러나 바로 그렇기 때문에 이런 전통들에서는 생명이 독립된 것이기 보다는 자연 안에서 자연과 더불어 일어나고 쇠퇴하는 현상이다. 아리스토텔레스의 영혼이론이

존 워터하우스(John Waterhouse), 〈황금 상자를 열어
보는 프시케〉, 1903

자연물을 설명하는 '질료형상설'의 일부이듯이 동아시아
에서도 생명은 기의 흐름이라는 대자연의 운동의 일부로
인식되었다.

이러한 생명관은 서양에서는 천년의 중세의 시작과 더
불어 심대한 변형을 겪게 된다. 인간의 의식을 자연으로부
터 분리하여 다루기 시작한 것을 우리는 보통 근대 이래로

잡는다. 하지만 역사에 좀 더 공정하려면 우리는 중세 기독교 사상에까지 거슬러 올라가야 한다. 기독교는 신의 형상을 따라 만들어진 인간을 자연으로부터 전적으로 독립한 존재로 제시하고 신의 왕국에 거주하게 될 영혼이라는 불멸의 실체를 주장하면서 육체에 대해 전대미문의 평가절하를 하게 된다. 여기서 생명은 그저 육체의 운동에 종속된 것에 지나지 않음으로써 데카르트의 '동물기계론'의 단초가 이미 마련되었다고 할 수 있다. 물리학의 발달과 더불어 생명 현상을 동물과 인간의 '신체'로 국한하고 이를 물리적으로 설명하는 태도는 데카르트의 정신-신체 이원론에서나 라 메트리La Mettrie와 디드로Denis Diderot를 잇는 일원론적 유물론에서나 동일하다. 결국 생명에 대한 경시 혹은, 좀 더 극단적으로 말해 "생명의 실종"은 이런 배경에서 이루어진다. 바로 이 태도가 '생명과학'의 발달을 촉진한 것이고 이것이 오늘날의 생명공학에까지 이어지고 있다고 해도 별로 과장은 아니리라.

인지현상이 생명활동과 무관하게 연구된 것은 이런 배경에서는 자연스러운 일이다. 인식론이라는 철학의 전통적 영역에서는 물론이고 생물학이 태동한 19세기 후반에도 인지현상은 지성적 추론이든 경험적 학습이든 간에 독자적인 방식으로 연구되었다. 심리학에서는 관념연합설이 그것을 관념들의 연합으로 설명하고, 생리학에서는 대뇌국재화 cerebral localization 가설이 그것을 대뇌 특정부위의 활동으로 설명하고 있었다. 이 입장들은 인지현상을 특정한 영역에 국한하여 고찰함으로써 생명 현상에 대한 전반적인 설명과 쉽사리 조우하지 못했다. 사실 생물학 자체 내에서도 전체를 관통하는 원리같은 것은 존재하지 않았으며 생리학, 세포학, 발생학, 분류학, 진화론 등 기존의 독립된 여러 분야들이 단순 결합하고 있는 형상이었으니 생명이라고 하는 고유한 특징을 말하기는 어려운 사정이었다. 생물학이 독립된 학으로 존재하는 오늘날에도 생명 현상들이 물리화학적인 방식으로 연구되는 한에서 그 고유성을 포착하기는 어렵다. 생명철학의 성립 배경은 바로 여기에 있다.

베르그손의 경우 과학인 한에서 생물학은 실증주의의 옷을 입을 수밖에 없으며 결국 물리학에 종속될 수밖에 없다는 것을 일찍이 간파하고 생명의 고유성을 철학적으로 고찰하고자 한다. 생명체가 보여주는 다양한 현상이든 인간만이 보여주는 듯한 독특한 현상이든 생명이라는 관점에서 볼 때는 공통된 의미를 찾을 수 있다. 이 관점에서 인지활동은 원시적 생물에서 인간에 이르기까지 삶의 영위라고 하는 변함없는 목적과 관련된다. 우리는 베르그손의 생명철학에서 다루는 인지현상을 크게 두 가지로 나누어 고찰해 보겠다. 하나는 『물질과 기억』의 주제들인 지각과 기억의 현상들이고 나머지는 『창조적 진화』에서 다루는 진화의 의미와 관련된 성찰들이다.

행동과 지각적 인지

외부세계를 인식하는 가장 직접적인 통로는 무엇일까? 서양 근대 경험론의 효시인 로크는 그것을 감각이라고 보았다. 그런데 다섯 가지 감각기관을 통해 들어오는 감각은 과연 확실한 것일까? 데카르트는 그것을 이미 의심했고 경험론자인 로크는 감각이 비록 불확실하지만 그래도 그것만이 믿을만한 준거라고 확신했다. 여기서 기본적으로 잘못된 문제설정이 있는 데 그것은 용어상의 문제와 관련된다. 감각은 우리가 색, 맛, 소리, 냄새, 접촉을 통해 직접적인 느낌을 갖는 현상이다. 이것은 우리 신체의 생물학적 구조와 밀접하게 연결되어 있다. 이러한 느낌으로부터 우리는 무언가를 도대체 알 수 있는가? 붉은 장미를 본다고 하자. 여기서 인지적 요소는 "이 장미는 붉다"라는 명제적 사실 외에도 붉음이라는 사태 그리고 장미라는 형상의 인식 등 직관적인 사실에 이미 나타난다. 바로 이러한 기초적인 직관에서 시작하는 것이 지각이다. 명제적 사실은 논리적 추론과 관련되는 내용이니 여기서는 제외하기로 하자. 붉음을 붉음 자체로서 인지하는 것은 꽁디약이 보여준 예에서처럼 붉음이라는 색에 완전히 압도되어 정신이 혼미해지는 경우와는 분명 다르다. 전자는 지각이고 후자는 감각이다. 감각은 아무리 강렬하게 자극해도 인지현상으로 될 수 없다. 붉음을 붉음 자체로 인지한다는 것은 그것을 푸름 등 다른 색과 구별할 수 있다는 것을 말한다. 그래서 데카르트도 명석판명한 지각을 인식의 가장 확실한 기초라고 말했던 것이다.

감각은 수용적이다. 즉 외부에서 무언가를 받아들이고 그것이 우리 신체에 각인하는 작용을 '느낌'의 형태로 의식하는 것이다. 지각은 이것과는 다르다. 지각은 외부 대상이 정확히 무언지 모르는 상황에서 나름의 촉수를 작동시켜 그것을 간파해내는 작용이다. 거기에는 생명체의 능동적인 활동성이 있고 그 결과는 인지적 정보를 얻는 것이다. 감각과 지각을 생명체의 근본적으로 다른 두 작용으로 본 맨 드 비랑의 통찰은 로크의 그것보다 분명히 진일보한 것이다. 지각은 감각과는 다른 능동성을 요구하는 것이 분명하다. 물론 감각도 생명체가 가진 나름의 구조의 작동을 통해 얻어지는 현상인 한 절대적 수동성의 상태라고는 볼 수 없다. 물질적 타성에 비유할 때 감각이 보여주는 새로움은 부정할 수 없다. 완전한 수동성에서 새로움은 나오지 않는다.

멘 드 비랑 (François Pierre Maine de Biran,1766~1824)

지각perception은 가장 기초적이고 가장 포괄적인 의미의 인지작용이다. 고도의 정신적 집중을 요하는 지적 활동을 하기 이전에 우리는 이미 외부 대상에 대해 초보적인 지각 활동을 수행한다. 이것은 다른 생명체도 마찬가지다. 그러면 감각과는 달리 생명체 나름의 능동성을 요구하는 지각은 어떻게 가능하게 되는 것일까?『물질과 기억』의 1장에서 인지에 대한 설명은 여기서 시작한다. 능동성이라는 말에 초점을 맞추면 가장 구체적으로는 생명적 개체의 활동이 떠오를 것이다. 베르그손은 능동성과 같은 형이상학적 가정이 들어간 말을 사용하지 않고 일시적으로 행태주의자처럼 우리의 신체의 작용을 외부에서 관찰하는 듯한 태도에서 출발한다. 그 때 우리는 신체가 다른 물체들과 마찬가지로 자극을 받고 거기에 반작용하는 것을 알 수 있다. 하지만 단순관찰만으로도 이 반작용이 기계적으로 이루어지지 않는다는 것을 알 수 있다. 요컨대 그것은 마치 자신의 행동을 선택하는 것처럼 보인다. 베르그손에 의하면 지각은 이러한 행동의 선택에서 유래한다.

그러면 이 선택이라는 말은 어떤 차원에서 기능하는 것일까? 행태주의에서 말하는 선택은 주체가 대상들이 주는 여러 가지 이점을 비교하고 그 중 하나를 최종적으로 택하는 것일 텐데 이 때 이점이란 객관적 기준을 갖는다. 가령 먹이의 양이라든가 맛, 혹은 위험성의 정도가 약한 것 등등. 결국 이 객관적 기준은 생물학적 기준이라 할 수 있다. 베르그손은 주체를 '우리의 신체'라고 설정하였지만 사실 인간의 신체적 행동은, 인간적이라고 부를 수 있는 한에서는 고도의 합리적 기준에서 과거와 현재, 미래를 연결하는 추론을 통해 이루어진다. 그러므로 행동의 선택이라는 사실만 강조할 경우 그저 단순한 생명적 개체의 차원, 즉 생물학적 차원이라고 해도 무방하다. 베르그손이 그 후에 제시하는 사례도 아메바와 같은 초보적 생명체이니 말이다.

원시생명체인 아메바가 위족을 뻗어보는 것은 외부 대상의 탐색인 동시에 자극에 대한 반응이기도 하다. 접촉 속에서 지각은 행동과 일치한다. 우리 자신도 사실 이런 경험을 할 수 있다. 가령 시각이 일시적으로 기능하지 않는 상황에서 우리는 손을 더듬어 대상을 만지면서 그것의 형태를 알아보는 동시에 그것이 자극을 주면 피한다. 즉 반응행동을 한다. 게다가 생명체에서 접촉은 물체와는 달리 언제나 한결같은 방식으로 일어나지 않는다. 첫 단계에서의 접촉이 주로 대상의 성질을 알아보는 데 그친다면 두 번째, 세 번째 단계에서는 그 대상에서 필요한 부분을 취하거나 피하는 것으로 이루어진다. 다시 말하면 선택이 작용한다. 아무리 초보적인 생명체라 할지라도 유독有毒한 환경에 여러 번 노출될 경우 그것을 피하게 된다. 반복은 학습을 낳고 학습은 선택을 유도한다.

사실 선택은 단순한 접촉이 아니라 시각이나 청각처럼 거리를 두고 일어나는 지각의 경우에 더 폭이 넓어진다. 지각은 전통적으로 시각적 인식으로 종종 설명되어 왔다. 플라톤은 시각이 감각기관 중 가장 지적인 기관이라고 말한 적이 있다. 그것은 대상을 멀리서 관조할 수 있게 해주기 때문이다. 그런데 시각은 관조라는 지적 행위만이 아니라 좀 더 근본적으로 행동의 가능성과 관련된다. 멀리 보이는 사물은 생명체에게 다양한 반응의 가능성 즉 선택지를 준다. 직접적 반응을 하기 이전에 그것의 형태와 수만이 아니라 성질까지도 관찰할 수 있는 여유가 주어진다.

공간적 거리는 반응의 시간적 여유와 비례한다. 비록 그
것이 위험한 것으로 보여도 당장 피하지 않고 관찰할 수
있다. 베르그손은 말하기를, "이 대상들이 그에게 유리함
을 약속하든, 그를 위험으로 위협하든 간에 약속들과 위
협들은 대상들에 대한 지불기한을 연기하는 것이다. 따라
서 생명체가 처리하는 독립성의 몫은, 또는 …… 그의 활
동을 둘러싸고 있는 비결정성의 지대는 생명체가 관계하
는 사물들의 수와 거리를 선험적으로 평가하게 해 준다. 이
관계가 어떠하건, 따라서 지각의 내밀한 본성이 어떠하건,
지각의 폭은 잇따르는 행동의 비결정성의 정확한 척도이
고 따라서 이러한 법칙으로 진술된다고 단언할 수 있다.
지각은 정확하게 행동이 시간을 처리하는 비율로 공간을
처리한다."[1]

　　지각과 행동이 이렇게 각각 공간과 시간의 처리가능성
에 비유되고 있지만 사실 그것들을 묶어주는 단 하나의 변
수는 행동이다. 왜냐하면 지각은 행동의 필요성에서 나온
것이고 공간적 여유라는 것도 행동의 시간적 긴박성의 함
수로 설명될 수 있기 때문이다. 시간이 많으면 우리는 대
상을 세심하게 관찰할 수 있지만 급박한 상황에서는 대상
의 전체적 도식을 재빨리 그리는 것으로 만족할 수밖에 없

---

1. 앙리 베르그손, 『물질과 기억』, 박종원 옮김, 아카넷, 2005, 62쪽

다. 이 지각적 인식 전체는 상세하든, 간략하든 간에 근접 미래에 일어날 행동과 직접적으로 관련되어 있다. 그래서 베르그손은 지각과 관련된 두 가지 테제를 확립한다. 하나는 "나의 신체를 둘러싸고 있는 대상들은 그것들에 대한 내 신체의 가능적 행동을 반영한다"는 것이고, 또 하나는 "나는 이미지들의 전체를 물질이라고 부르고, 나의 신체라는 어떤 결정된 이미지의 가능적 행동에 관련된 이 동일한 이미지들을 물질에 대한 지각이라고 부른다"라는 것이다.[2]

이 문장에서 두 번째 테제는 베르그손의 이미지 존재론과 관련되어 있어서 따로 설명이 필요하다. 우선 이미지 존재론의 필요성은 지각을 행동으로부터 설명해야 할 필요성 자체로부터 나온다. 인식과 행동은 전통적으로 분리되어 고찰되어 왔으며 각각 철학의 중요한 영역들인 인식론과 실천철학의 주제를 이룬다. 그런데 인식의 영역을 독자적으로 설정하게 되면 그 바탕이 되는 존재의 영역도 마찬가지로 설정하게 되기 십상이다. 실재론이든 관념론이든 이런 요구를 반영한다. 이런 입장들은 인식이 고정된 것처럼 존재도 고정되어 있으며 그 존재를 인식하는 수단은 표상이다. 서양 근대철학의 이율배반을 대표하는 유물론과 관념론은 모두 인식의 단위를 우리 정신 속에 나타난

---

2. 같은 책, 44, 45쪽.

벨라스케스, 〈거울 앞의 비너스,〉 1644~48

표상으로 보는 데서 일치하고 있다. 지각표상설은 지각이 바로 그러한 표상으로 이루어진다는 것이다. 유물론(혹은 실재론)은 대상이 외부세계에 실재한다고 주장하며 인식은 그것의 단순한 정신적(표상적) 반영이라고 보는 반면 관념론은 관념의 외연을 넓혀 대상이 관념으로 구성된다고 주장하지만 그 관념의 대표적인 형태는 마찬가지로 표상이다.

'들어가는 말'에서 말한 것처럼 유물론이든 관념론이든 물질과 정신이라는 극단적으로 대립하는 실체들을 가정한 역사적 배경 위에서 그 중 하나를 선택하여 구성되었기 때문에 이율배반을 피할 수 없다. 각각의 실체는 이러한 상

황으로 인해 작위적인 면을 갖는다. 과연 물질이나 정신이
라는 존재론적 실체를 인정해야 하는가? 인식은 정신 속
에 고정된 표상으로 이루어지는가? 이미지론은 이러한 질
문으로부터 출발한다. 베르그손의 이미지는 물질과 관념
이라는 견고한 실체를 부정하고 그것들의 중간 지점에 위
치하여 때로는 정신적 속성을, 때로는 물질적 속성을 띠는
존재자로 묘사된다. 사실 이미지는 전통적으로 정신 속에
서 생성된 상 즉 심상에 가까운 것으로 생각되었다. 관념
이론을 제창한 데카르트나 로크에서도 관념(오늘날의 표
상)은 때로 본질적 형상으로 때로는 단순 이미지로 묘사된
다. 하지만 표상이 외부의 대상보다는 정신적인 특성에 가
까운 것인 반면 이미지는 일상용례에서 우리가 거울에 비
친 상을 이미지라고 하듯이 물질적 특성에 더 가깝다. 이
런 특징을 이용하여 베르그손은 이미지를 정신과 물질의
양자의 사이에 있으면서도 실제로는 양자를 전제하지 않
고 독자적인 존재를 누리는 것으로 묘사한다.

베르그손의 이미지론은 지속과 생성의 존재론을 전제
하고 있다. 이미지와 생성은 사진과 사진기의 관계로 비유
된다. 그것은 사진기를 우리의 뇌로, 표상들을 사진으로
비유하는 전통적 관점과는 전혀 다르다. 전체로서의 우주
자체가 생성-사진기에 비유되고 존재자들이 사진-이미지

들에 비유되기 때문이다. 곧 이미지들이 모여 우주를 이루는 것이기보다는 우주적 생성의 일부가 고정된 것이 이미지들이다.3 행동의 인식론은 이런 생각과 맥을 같이 한다. 행동은 우주적 생성과 맥락을 같이 하고 있기 때문이다. 하지만 이미지에 대한 이야기는 이쯤에서 접어야 할 것 같다. 여기서 중요한 것은 단지 행동에서 출발하는 인식이론은 물질이나 정신이라는 견고한 실체 혹은 표상이라는 인식의 단위를 전제해서는 안 된다는 사실이다. 실체론적 입장들에서는 인식과 행동을 위계적으로 분리하고 생명은 후자에 속하는 것으로 보기 때문에 정신적 영역이 여전히 독자적으로 살아남으며 결국 인지와 생명이 분리된다. 이미지라는 용어 자체가 가진 선입견으로 인해 베르그손의 새로운 관점은 별로 주목받지 못했지만 그 의의는 바로 거기에 있다. 우리는 아인슈타인의 상대성 이론이나 양자역학 혹은 불교의 공空사상이 대상의 실체성을 부정하는 이미지론과 양립할 수 있다고도 생각해 보지만 그러한 사상들 자체가 가진 무게가 이미지론이라는 발상보다 훨씬 더 크기 때문에 이미지론을 주장하는 데는 별로 도움이 되지 않는다. 그러한 추상적 이론들의 효력을 인정한다 해도

---

3. 이 문제에 대해서는 필자의 다음 책을 참조 바람. 황수영, 『물질과 기억, 시간의 지층을 탐험하는 이미지와 기억의 미학』, 그린비, 2006, 79~89쪽.

실체론을 전제하는 우리의 상식은 여전히 삶을 꾸리기 위해 작동하고 있는 것이다.

기억과 인지

단테 가브리엘 로세티, 〈므네모시네〉(18
76~1881 사이)

그리스신화에서 기억의 여신 므네모시네는 하늘의 신 우라노스와 대지의 여신 가이아의 딸로 일찌감치 자신의 자리를 차지하고 있다. 플라톤에서 이미 기억은 진리의 태곳적 본성을 드러내 준다. 진리는 우리가 저세상에서 '이미 보았던 것'이며 탄생시에 모든 것을 망각한 우리는 상기를 통해 불완전하게 진리의 기억을 이끌어낼 뿐이다. 하지만 차후에 전개되는 서양철학의 역사에서는 놀랍게도 기억의 추방령이 내려진다. 17세기로 넘어가 보면 데카르트 철학에서 기억은 아무런 역할도 하지 않는다. 진리는 플라톤에서 그런 것과 마찬가지로 선험적이지만, 기억은 진리를 있는 그대로 드러내기는커녕 종종 왜곡시키고 변질시킨다. 데카르트의 의심 대상에 으뜸으로 꼽힌 것 중 하나가 기억이다. 진리는 바로 주의하는 정신에 명석하고도 판명하게 나타나

브로까(Paul Pierre Broca, 1824~1880)

는 관념이다. 이제 명료한 의식과 그렇지 않은 의식이 구분되고 전자가 진리의 장소가 된다. 기억들로 가득한 불명료한 의식은 인식의 영역에서 버려진다. 이렇게 해서 데카르트에서 기억과 무의식이 추방된다.

오랜 우회로를 통해 기억의 문제가 서양인의 사유에 다시 등장하기 시작한 것은 19세기 말에 이르러서이다. 실증주의와 진화론이 태동한 이 시기 후반부에 기억의 연구가 심리생리학의 전문 분야로 확립된다. 기억의 연구는 프랑스의 뇌신경외과 의사인 브로까와 함께 시작된 뇌해부학 전통에서 그 물질적 토대를 갖는다. 천문학과 물리화학, 생명과학의 발달에 이어 심리생리학이 인간 정신이라는 소우주를 열 수 있는 마법의 열쇠까지도 거머쥐게 된

것이다. 이 기적은 우여곡절이 없던 것은 아니지만 한 세기를 넘기면서 그 힘을 계속 확대해 왔다. 오늘날 뇌신경생리학의 연구는 인지과학혁명과 연합하여 어느 때보다 더 생산적인 성과들을 내고 있다. 하지만 여기에도 물리주의적 입장과 생물학주의가 대립하고 있다.

이러한 상황은 이미 19세기 심리생리학에서 기원을 둔다. 가령 뇌신경의 어떤 부분을 자극하면 특정한 기억이 떠오른다고 보는 식의 설명 방식은 인간을 철저하게 수동적인 존재로 보고 인지현상이 물리적으로 모두 설명된다는 입장을 고수한다. 이런 생각에 반대하고 신체는 자극을 받아들일 뿐만 아니라 운동적 반응을 하기 때문에 생명체의 능동적 작용을 고려해야 한다고 보는 심리생리학은 생물학에 기반을 두고 있다. 영국의 다윈과 베인, 잭슨, 독일의 분트Wilhelm Wundt 그리고 프랑스의 리보Théodule Ribot와 같은 심리생리학자와 자네Pierre Janet와 같은 정신병리학자가 후자의 입장에 있었다. 베르그손은 이들의 견해에 동의하면서 신체의 행동적 인지의 관점으로부터 기억이론을 구성한다.[4]

베르그손은 기억이론의 바탕을 이루는 병리학적 연구

---

4. 황수영, 『물질과 기억, 시간의 지층을 탐험하는 이미지와 기억의 미학』, 38~52쪽 참조.

의 중요한 부분을 자네에게 빚지고 있다. 예를 들면 정신적 삶의 수준들, 자동성, 의식과 잠재의식의 분열, 심리적 삶의 통합과 같은 것들이다. 자네는 잠재의식이 최면상태나 몽유병과 같은 병리적 상태에서 잘 증명되지만, 정상인들에서도 이런 종류의 상태가 기저를 이룬다고 본다. 병리적 상태에서는 잠재의식과 의식이 분열된 채로 통합을 이루지 못하고 있지만 정상 상태에서 이 두 가지는 통합되어 기능한다. 분열dissociation과 통합synthèse이라는 개념들은 자네의 정신병리학의 주요한 두 축을 이룬다. 자네는 특히 히스테리나 정신착란 혹은 기억상실과 같은 심리적인 질병들의 원인을 '정신적 힘의 약화'라고 본다. 정신적 허약성이 의식상태들을 분열시키는 원인이다. 인간의 정신은 다양한 수준들niveaux로 이루어져 있는 데 이 수준들을 역동적으로 통합하는 힘이 존재하며 그것이 약화되었을 때 신경쇠약 혹은 정신적 질병이 생긴다. 물론 정신적 허약은 신체적 상태와도 밀접한 관련을 갖는다. 특히 자동현상은 신체적 상태에 부착된 병리현상이다. 신체적, 정신적 힘의 다양한 활동에 기초하는 자네의 심리학은 '역동적dynamique 심리학'이라고 불린다.

습관기억과 이미지기억의 구분

베르그손의 『물질과 기억』에서 본격적으로 기억의 문제를 다루는 곳은 2장과 3장이다. 2장에서는 기계적 기억 혹은 신체적 자동성의 문제를 다루는 데 이것을 습관기억souvenirhabitude이라고 부른다. 3장에서는 이미지나 표상으로 나타나는 기억을 다루는 데 이것을 이미지기억이라 하고 이 기억이 의식에 나타나지 않을 때는 순수기억souvenir pur이라고 부른다. 이러한 구분들은 베르그손의 독창성으로 알려진다. 그러나 여기에도 자네의 심리학과 깊은 연관이 존재한다. 자네의 주요한 연구대상인 최면과 몽유병을 예로 들어 보자. 우선 몽유병의 경우 환자는 무의식 속에서 기계적인 행동을 한다. 환자는 꿈을 꾸면서 꿈속에 나타나는 표상을 따라 움직인다. 그러나 이 꿈표상은 의도적이거나 의식적인 것이 아니다. 그리고 대개의 몽유병자들은 한 가지 잠재된 욕구에 고착되어 계속 비슷한 행동을 반복한다. 이것은 정상인의 경우 습관적 행동과 비슷한 형태를 보인다. 우리도 자주 다니는 길을 생각 없이 걷거나 매일 사용하던 물건을 사용할 때는 아무 의식 없이 기계적으로 행동한다. 그러다가 실수를 하는 경우도 있지만 그것은 바로 우리가 의식을 다른 데 두고 있기 때문이다. 이처럼 의식의 부재라는 면에서 몽유병 사례는 습관과 일치하는 면이 있다. 물론 차이는, 우리는 습관적 상태에서 언제나 스스로 깨어날 수 있지만 몽유병자는 스스로 깨어날 수 없다는 것이다. 그것은 환자가 자신의 분열된 의식상태를 제어할 수 없기 때문이다.

자네(Pierre Janet, 1859~1947)

그러면 최면의 상태로 넘어가 보자. 히스테리 환자는 최면상태에서 의사의 지시에 따라 평소에 자신이 의식하지 못했던 과거의 기억을 이야기한다. 그것은 종종 환자에게 충격을 준 외상적traumatique 사건이기 쉽다. 이때 최면상태에서 발견된 기억으로 인해 환자의 병이 낫는 경우가 종종 관찰되었다. 이런 사례는 의식되지 않는 기억이 존재한다는 것을 입증해 준다. 병리학적 차원을 벗어나면 정상인에게도 의식되지 않는 기억들은 무한히 많다. 베르그손은 태어나서 현재까지 체험된 모든 과거가 사라지지 않고 정신에 남아있다고 주장한다. 단지 의식에 나타나지 않을 뿐이다. 잊혀진 모든 기억들이 외상적인 것은 아니다. 단지 현재의 필요에 부응하지 않기 때문에 무대 뒤에 숨어있는 것뿐이다. 이것이 순수기억이다. 자네는 최면상태의 히스테

리 환자에서 현재의식과 분리되어 있는 측면에 주목해 잠
재의식의 개념을 끄집어냈다. 하지만 정상인의 경우에도
최면 속에서 과거 기억을 불러낼 수 있다. 외상적 사건과
관련이 없이 그저 묻혀진 기억들 말이다. 무의식으로 존재
하는 것들 중에서 신체의 습관이 아니라 숨은 표상으로 존
재하는 것들이 순수기억을 이룬다.

이처럼 베르그손은 자네가 연구한 두 현상의 특이성과
차이에 주목하여 습관기억과 순수기억이라는 두 기억을
분류한다. 순수기억이 의식에 표상으로 나타날 때는 이미
지기억으로 된다. 습관은 우리가 의식하지 않아도 자동적
으로 이루어지기 때문에 무의식적이다. 반면 잊혀진 기억
표상들은 현재에 나타나지 않기 때문에 무의식 속에 남아
있다. 양자에서 무의식의 의미는 다르게 사용된다. 현재
의식되지 않는다는 면에서는 같지만 후자에서는 순수기억
의 '저장고'라는 의미를 가지고 있다.

습관기억과 자동적 인지

그러면 베르그손의 두 기억 중에서 먼저 습관기억에
집중해 보자. 습관기억에는 어떤 것들이 있고 어떤 형태로
보존되어 있을까? 이것은 신체의 습관적 행동들로 이루어
지며 걷기, 말하기, 쓰기, 각종 운동들과 악기 연주 및 암기

과정 등 기술적 훈련을 요구하는 모든 행동들을 일컫는다. 그러면 어떤 의미에서 이것들이 기억이라고 할 수 있을까? 우선 우리 신체에 각인되어 보존된다는 의미에서 그러하다. 이런 식으로 본다면 태어나서 꾸준히 발달하는 지각 체계도 마찬가지다. 보고 듣고 맛보고 냄새 맡고 만져보는 모든 기본적 지각들은 어린 시절부터 오랜 기간의 발달과정을 통해 우리 신체 안에 뿌리 깊은 습관 체계를 만들어낸다. 이 모든 것들은 좀 더 정확히 말하면 신경결합의 형태로 존재한다. 베르그손의 시대에 뉴런은 알려져 있었으나 시냅스결합은 아직 알려지지 않았다. 하지만 베르그손은 시냅스결합을 암시하는 말을 이 책의 여러 군데서 하고 있다. 이미 당대의 생리학자들은 감각과 거기에 반응하는 운동기구들이 신경중추를 매개로 하여 신경계를 구성하고 있다는 것을 잘 알고 있었다. 이것들이 바로 자네가 말한 자동성automatisme의 생리적 기초이다. 그러나 베르그손은 그것들의 생성과 결합 그리고 해체와 같은 역동적 과정에 주목한다.

그런데 기억은 엄밀히 말해 두 가지 기능을 갖는다. 어딘가에 보존된다는 특성 외에도 무언가를 떠올리는 기능 즉 상기rémémoration의 기능을 갖는다. 우리 일상어에도 "잘 기억해 둬"라는 말은 잊지 말고 보존해 두라는 뜻이지만,

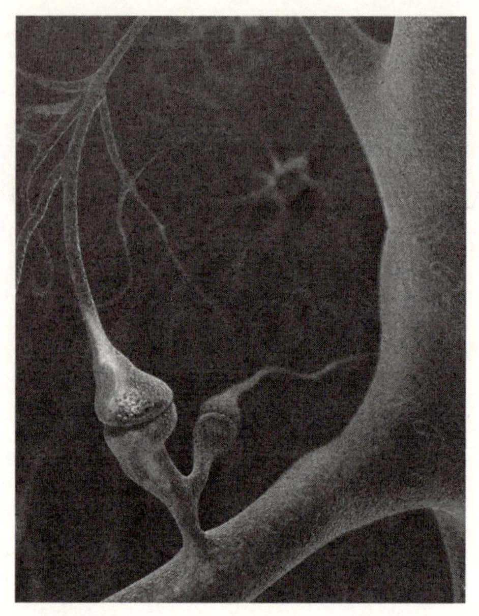

시냅스결합 모형

"그 사건 기억하니?"라는 질문은 지금 떠올릴 수 있는가를 묻는다. 플라톤의 레미니상스reminiscence라는 말이 바로 이런 뜻이다. 일상적으로 이 기능은 '식별'reconnaissance 또는 '재인'recognition이라는 현상에서 나타난다. 위에서 본 신체적 기억도 기억임에 틀림없다면 이러한 기능을 가지고 있어야 한다. 따라서 베르그손은 신체적 식별 혹은 기계적 식별이 있다고 주장한다. 앞에서 든 사례들로서는 잘 아는 길을 찾는다든가, 매일 사용하는 물건을 사용할 때 우리는 그것을 기계적으로 식별하고 있는 것이다. 엄밀히 말하면 모든 습관기억은 이러한 기능을 갖는다. 걷거나 자전거를 타거나 악기를 연주할 때 우리는 무의식적으로 무언가를 식별하고 있다. 이처럼 신체적 기억에서 인지와 행동은 하나가 된다.

신체적 식별은 말하기와 쓰기같은 인지 과정에도 기초가 된다. 베르그손은 습관기억이 신경결합의 형태로 보존되고 상기되는 과정을 설명하기 위해 '운동적 도식'le schème moteur이라는 신체적 인지의 메커니즘을 고안한다. 신체적 기억은 들어온 자극에 반응하는 운동들이 조직화되면서 일정한 메커니즘으로 보존되고 필요할 때 작동된다. 이를 잘 보여주는 것이 언어습득의 과정이다. 남의 말을 알아듣거나 스스로 말을 하는 것은 오랜 습관에서 만들어진 일정한 도식을 따른다. 하지만 이 도식은 다양한 청각 자극들(음색, 고저, 리듬 등)에 따라 가변적으로 기능하기 때문에 정적이기보다는 운동적이라는 것이다. 이것을 가정함으로써 베르그손은 다양한 실어증의 형태를 체계적으로 설명할 수 있었다. 실어증은 청각기관과 성대기관에는 이상이 없지만 상응하는 뇌의 부위에 상해가 생겨 말을 못하거나 알아듣지 못하는 상태이다. 브로까는 남의 말을 알아듣기는 하지만 스스로 말하지는 못하는 어떤 환자가 죽은 후

베르니케 (Carl Wernicke, 1848~ 1905)

뇌를 해부하여 좌측 뇌의 앞부분이 상해를 입은 것을 발견했다. 이것은 운동반응을 관장하는 신경세포의 소멸로 생각되었다. 반대로 베르니케는 들은 말을 전혀 이해하지 못하지만 자동적인 발성으로 말을 하는 환자의 뇌를 해부하여 좌측 관자놀이 부분이 상해를 입은 것을 발견했다. 이 현상을 두고 생리학자들은 상해를 입은 부위에 청각이미지기억이 있었는데 이것이 파괴되어 식별을 할 수 없게 되었다고 설명했다.

베르니케 실어증은 언어이해와 관련하여 특히 중요한 의미를 갖는데 당시의 생리학자들은 뇌의 각 신경에 이미지기억이 국재화localiser되어 있다는 대뇌국재화가설에 따라 설명하는 것이 일반적이었다. 그러나 베르그손에 의하면 상해를 입은 것은 이미지기억이 아니라 운동적 도식이다. 운동적 도식은 지각과 운동을 자동적으로 연결하여 대상을 기계적으로 식별을 하게 해주는 기능이다. 브로까 실어증에서는 식별은 할 수 있었지만 운동반응으로 연결되는 조직이 상해를 입었고 베르니케 실어증에서는 청지각

식별기능이 상해를 입었다. 이러한 운동적 도식이 파괴되면 자동적 식별은 더 이상 작동하지 않는다. 우리는 매일 하던 말을 할 수 없고 매일 보던 사람을 식별하지 못할 수도 있다. 그러나 하던 말의 청각적 이미지나 보던 사람에 대한 시각이미지 자체가 없어진 것은 아니라는 것이 베르그손의 생각이다. 다시 말하면 뇌에 국재화된 것은 운동적 도식이지 이미지기억이 아니다. 운동적 도식에 대한 베르그손의 생각은 이후에도 그 유효성을 인정받고 있다. 당시의 생리학자들이 식별현상을 기억의 지도 속에서 해석기하학의 방식으로 연구했다면 베르그손은 기억과 인지가 함께 작동하는 '역학'을 보여주었다고 볼 수 있다. 하지만 그렇다면 이미지들은 어디에 보존되는 것일까? 이 문제로 들어가기 전에 자동적이 아닌 지적 식별과정을 알아보기로 하자.

이미지기억과 지적 인지

지적 식별이란 지각의 자극에 대해 기계적 운동으로 곧장 반응하지 않고 잠시 멈추어서 대상 자체를 정밀하게 파악하는 작용이다. 예를 들면 인사말을 나눌 때처럼 일상적으로 듣고 응답하는 것이 아니라 상당한 노력을 기울여야 이해할 수 있는 강의를 듣는 것에 비교할 수 있다. 베르니케 실어증 환자처럼 아예 말 자체를 이해하지 못하는 경우는 병리학적 사례가 되지만 정상적인 경우에도 일상적인 언어소통은 하면서도 어려운 대화나 강의를 이해하지 못하는 사람은 많다. 베르그손에 의하면 이런 경우는 운동적 도식에는 문제가 없지만 '역동적 도식'le schéma dynamique을 형성하지 못했기 때문이다. 이것은 단순 암기가 아니라 어려운 학습과정에 수반되는 도식이다. 여기에는 첫째로 주의집중의 노력이 필요하다. 주의작용은 이렇게 이루어진다. 우선 대상을 분석한 다음에 기억의 심층으로부터 대상과 비슷한 이미지들을 불러내서 대상의 지각과 일치할 때까지 계속 비교하고 분석하고 통합한다. 이것은 "지각-이미지-관념"으로 이어지는 일직선적 과정이 아니라 이 요소들이 서로를 잇따르는 닫힌 원을 이룬다. 예를 들면 우리는 독서를 할 때 문자 그대로 읽지 않는다. 전후좌우의 내용을 보아가며 추측과 가설을 세우는 것이 이해하는 데 훨씬 더 중요하다. 즉 대상을 주의깊게 식별하는 것은 일종의 해석 작업이다.

그런데 해석을 하기 위해서는 관점이 있어야 할 것이다. 이것은 이미 만들어진 해석방식을 말하는 것이 아니라 대상을 이해하기 위한 깊이의 수준을 정하는 일이다. 대상을 어떤 차원에서 이해하고자 하는가에 따라 수준의 깊이는 달라진다. 대상의 세부를 정밀하게 파악하려 한다면 의식의 심층으로 더욱더 깊이 들어가서 평소에는 떠오르지 않던 기억들을 상기해야 한다. 이것을 베르그손은 여러 개의 동심원이 크기별로 겹쳐진 8자 도식으로 보여준다(그림 1). 크기가 큰 원들일수록 의식의 심층을 나타내고 작은

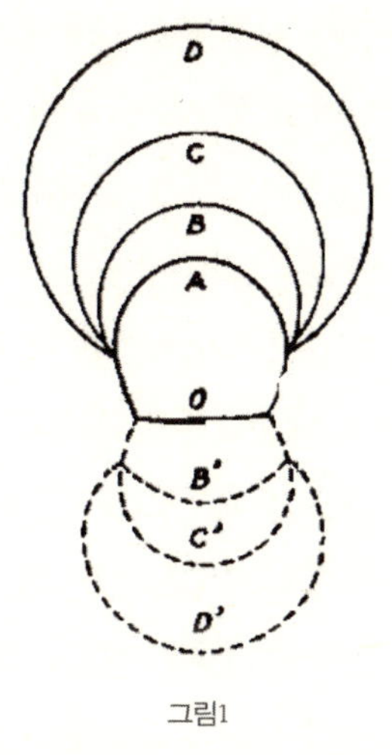

그림1

것일수록 지각에 가까워진다. 각각의 원들은 위에서 말한 대로 지각, 이미지, 관념들이 서로 순환하는 닫힌 원이다. 어느 원에 위치하는가에 따라 대상에 대한 지각의 깊이가 달라진다. 그러나 다른 한편 일단 하나의 수준에 자리를 잡고 나면 거기서부터 우리가 파악하려는 관념은 이미지로 화하고 다시 지각으로 변화된다. 즉 대상을 지각하여 자극을 받은 다음에는 우리가 위치하는 주관적 수준에 따라 지적 식별이 이루어진다. 특히 상대의 말을 이해하는 경우에는, 화자가 말을 할 때 청자는 자기 의식의 심층에서 화자의 의도에 해당하는 관념을 발견하고, 다음에 그것을 청각이미지, 청지각으로 차례로 전개시킨다. 그러므로

듣는 행위는 화자가 말하는 행위를 내적으로 반복하는 행위라고 할 수 있다. 인식자는 대상을 지각하는 동시에 내부로부터 밖으로 이미지를 투사하는데 이 원심적 작용이 역동적 도식이다. 이렇게 모든 지적 식별은 이미지기억의 투사로 이루어진다.

베르그손은 지적 식별에 대한 자신의 주장이 다음과 같은 사례들로 증명된다고 생각한다. 청각기억이 보존되어 있다고 추정되는 뇌의 일부가 상해를 입었을 때 국재화 가설에 따르면 기억의 일부가 상실되어야 한다. 그러나 보통은 기억을 상기하는 기능이 일반적으로 약화될 뿐이다. 오늘날 이 문제는 상당한 연구 성과를 보여주고 있으나 다른 많은 문제들과 마찬가지로 결정적인 해답은 주어지지 않은 것으로 보인다. 베르그손은 뇌기능이 부위별로 엄밀히 구분되기보다는 전체가 함께 역동적으로 작용하며 일부의 상해는 정신적 힘의 점진적인 약화를 가져오게 된다는 자네의 생각에 동의한다. 그러므로 위에서 본 의식의 수준들은 정신적 긴장상태와 관계가 있고 이 긴장이 약화되면 각 수준들이 제멋대로 기능하는 분열현상과 착란상태가 생겨난다.

주목할 것은 지적 식별일지라도 결국은 감각과 운동의 결합, 즉 감각–운동 체계système sensori-moteur의 자동적 과정

에 연결되어 있다는 것이다. 신
체를 통해 진행되는 자동적 과
정이 생존을 위한 환경에의 적
응을 목표로 한다면 지적, 정신
적 활동도 옆그림의 꼭지점에서
신체적 목표에 연결된다. 주의
작용은 결국 현재지각이 필요로

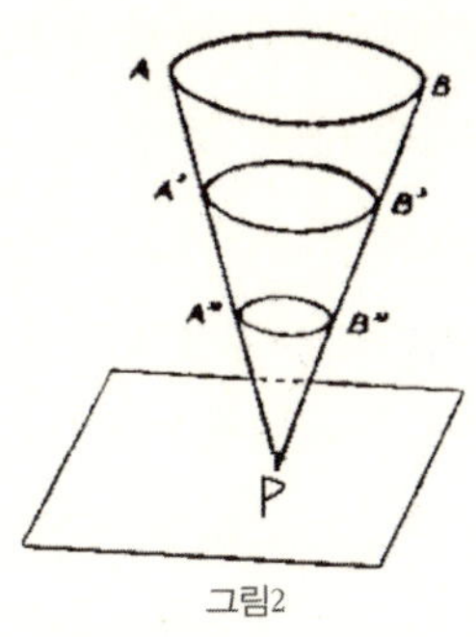

그림2

하는 기억들을 떠올리는 것이다(그림2). 베르그손은 이것
을 '삶에 대한 주의'라고 부른다. 이러한 연결상태가 정신
적 균형을 이룬다. 만약 어떤 이유로든 이 균형이 파괴되
면 정신착란같은 비정상 상태에 노출된다. 꿈도 이런 상태
의 하나이다. 이 상태에서 환자들은 '현실감각'le sentiment du
réel을 잃어버린다. 현실감각이란 바로 감각-운동적 연결
이외에 다른 것이 아니다.

베르그손은 감각에 적절히 반응할 수 있는 운동들을
내적으로 조직하는 것(신경결합)이 친밀감의 원천이라고
하는데 이것이 바로 현실감의 바탕인 동시에 신체적 인지
의 동력이기도 하다. 한편 '삶에 대한 주의', '감각-운동 체
계'라는 생명체의 기본적 존재방식으로부터 필요한 기억
이 우선적으로 상기되며 그것이 고차적 인지활동의 물질
적 토대를 이룬다. 자동적으로 진행되는 운동적 도식이든,

주의기능을 통한 정신의 역동적 통합기능이든 간에 모두 '감각-운동 체계'라는 신체의 기본적 의미에 의존하고 있다. 그러므로 베르그손에서 인지현상은 현실에 대한 적응이라는 생물학적 필연성으로부터 설명된다.

생명의 진화와 인지

베르그손의 생명철학에서 환경에 대한 적응이라는 용어는 일정한 한계 내에서 사용된다. 그것은 생물학적 필연성이라고 할 수 있지만 생명 현상은 단지 이러한 불가피성에 지배되는 것만은 아니다. 생명체는 일정한 기계장치 mécanisme와 같은 형태로 생을 영위하는 한편 자신의 한계를 넘어서는 도약이나 창조의 측면을 보여주기도 한다. 기계장치는 물질적 법칙의 지배를 받으며 그런 한에서 진화는 우연적이고 개체적인 변이들의 점진적 축적 그리고 환경에 대한 적응(선택과 도태)이라는 기계적 과정으로 설명될 수 있다. 베르그손은 여기서 적응이라는 말이 과대평가되어 있다고 본다. 적응은 생명체가 살아남기 위한 필요조건이며 진화의 굴곡을 설명할 수 있지만 그 일반적 방향을 결정하지는 못한다. 다른 한편 변이들은 단지 개체적이고 우연적인 것만은 아니다. 그것들은 돌연변이가 보여주듯 집단 전체에 걸쳐 일어날 수도 있고 일정 시기에 폭발적으로 증가하는 양상을 보이기도 한다. 오늘날 굴드Stephen J. Gould는 이러한 상황을 우연chance이 아니라 '우발성'contingency이라는 용어로 설명하고 있다.[5] 베르그손에 의하면 진화의 운동 자체 그리고 그것의 일반적 방향들은 '생명의 약동'에 의해서만 설명될 수 있다. 생명의 약동은 목적과는 아무런 관련이 없는 내적 추진력과 관련된다. 그것은 어떤 실체이기보다는 생명의 진화가 미래에 어떤 양상이 될 것인지를 오늘 예측할 수 없다는 것, 그럼에도 불구하고 생명 현상은, 그 형태나 진행과정을 포함하여 불가피하게 변화한다고 하는 것, 이 두 가지 사실을 형체화한 것이다. 즉 예측불가능성과 변화가 생명의 약동의 본질을 이룬다.

생명이 가진 두 가지 측면, 기계장치의 측면과 도약(혹은 창조)이라는 측면은 논리적으로는 타협하기 어려운 속성들이지만 베르그손은 놀랍게도 그것들 자체가 타협안modus vivendi의 산물이라고 주장한다. 근대물리학이 제시하

---

5. 스티븐 제이 굴드, 『생명, 그 경이로움에 관하여』, 김동광 옮김, 경문사, 2004. (이 책에서는 contingency를 우연성으로 번역하고 있는데 굴드가 그것을 chance와 명백히 구분하고 심지어 혼동하지 말 것을 주문하고 있는 것을 볼 때 시정해야 할 중요한 오류이다.)

슈뢰딩거 (Erwin Schrödinger, 1887~1961)

는 법칙들은 대개 에너지 보존법칙을 포함한 각종 보존법칙의 형태로 표현되는데 이는 그것들이 우리 지성이 토대로 삼는 논리적 필연성 위에서 주조되었기 때문이다. 반면 그 중에 유일하게 실재와 직접 관련된 내용이 있다. 그것은 사용가능한 에너지의 필연적 감소를 나타내는 엔트로피 법칙이다. 엔트로피 법칙은 실재의 흐름 자체를 관찰하여 얻어진 것이다. 베르그손은 이를 해체되는 운동이라 부르고 이를 거스르는 운동, 즉 생성하는 운동을 거기에 대립시킨다. 그것이 생명의 운동이다. 슈뢰딩거의 음엔트로피 개념보다 앞서 나온 이 생각은 베르그손 당시에는 실험의 부족으로 인해 생명에만 한정된 것이 사실이다.[6] 아무튼 이러한 생각으로부터 베르그손은 각각의 생명체들은 상승운동(생성)과 하강운동(해체)의 타협안이라는 생각을 이끌어 낸다. 이것은 생명체가 물질적 법칙과 필연성에 종속되어 있으면서도 생성하는

---

6. 음엔트로피라는 말은 오늘날 쓰이지 않지만 자유에너지라는 말 속에서 그 개념은 계속 중요한 것으로 남아있다.

운동과 맥을 같이 하는 도약과 창조에 열려 있다는 것을
의미한다. 생명체의 이중적 특징은 거기서 유래한다.

지성과 인지

『창조적 진화』에서 인지작용은 주로 지성의 활동과 관
련되는데 그것은 생명체의 이중적 특징 중에서 기계장치
의 측면으로부터 설명될 수 있다. 즉 지성은 본래 진화선
상에서 물질에 적응하는 것을 목적으로 형성된 생명적 기
능이다. 이 맥락에서 볼 때 지성의 활동은 자연적 지각의
활동을 연장하는 것이다. 『물질과 기억』에서 지각은 가능
적 행동과 관련된 이미지들을 지칭하였다. 이것은 『창조
적 진화』에서 다음과 같이 재천명된다. "우리가 한 대상에
부여하는 명백한 윤곽 그리고 그 대상에 개체성을 주는 윤
곽들은 우리가 공간의 일정한 점에 행사할 수 있는 어떤
종류의 영향을 그리는 것이다. 즉 그것들은 우리가 사물의
표면들과 윤곽들을 파악할 때 거울처럼 우리에게 되돌아
오는 가능적 행동들의 구도이다".7 행동은 대상에서 무언
가를 취하려는 목적으로 구상된다. 그러므로 가능성으로
나마 미리 윤곽을 그려놓지 않으면 안 된다. 지각의 생명
적 의미는 명백하다. 그것은 물질에 영향력을 행사하기 위

---

7. 앙리 베르그손, 『창조적 진화』, 황수영 옮김, 아카넷, 2005, 36쪽.

해 물질을 우리 나름대로 장악하는 방식이다. 감각기관들은 자극을 수용하고 느낌을 갖게 하는 생리적인 측면 외에 인지적인 측면에서는 물질을 우리 나름대로 파악하는 구조를 보여준다. 가령 어떤 대상의 색지각은 그 대상에 고유한 주파수(진동수)를 나름의 방식으로 '응축함'contraction으로써 이루어진다.[8] 우리가 자외선이나 적외선을 지각할 수 없는 것은 우리가 그것들을 우리 의식 안에서 응축하는 능력이 없기 때문이다. 박쥐가 적외선을 지각한다는 것은 잘 알려져 있다. 개구리는 움직이는 것만을 지각한다. 이런 현상은 각 생물종의 지각방식이 어떤 방식으로 특화되어 있음을 보여주는데 그것은 각 생물종이 자신의 소여所與를 자신의 방식으로 응축하기 때문이다.

지성은 지각보다는 더 유연하고 추상적인 인식을 보장해 주지만 기본적인 사정은 마찬가지다. 지각이 외부이미지이든, 기억이미지이든 간에 이미지를 매개로 활동한다면 지성은 언어 특히 개념들을 매개로 활동한다. 우리가 개념을 정의할 때 잘 드러나듯이 개념들은 그 엄밀한 윤곽에서 볼 때는 이미지들보다 훨씬 더 견고하다. 하지만 조작적인 면에서 볼 때 그것들은 이미지보다 더 "가볍고 투명하여" 지성이 다루기 쉽게 되어 있다.[9] 이미지는 내부이

---

8. Henri Bergson, *La pensée et le mouvant*, P.U.F., 1934, p. 60.

든 외부이든 어떤 종류의 실재들과 관련을 맺고 있는 반면, 개념이나 기호들은 지성의 산물이다. 자신이 만든 것을 다루는 것이 바깥에서 저항하는 것을 다루는 것보다 손쉬울 것은 당연하다. 이미지가 아직 불완전한 윤곽만을 가진 반면 기호들은 단단한 고체를 닮았다. 논리학은 이러한 기호들이 조작되는 규칙들을 보여준다. 도형들의 견고한 윤곽을 다루는 학문인 기하학도 유사한 태생을 가진다. 기하학은 외부에 존재하는 고체 이미지들의 형태적 속성들에 대한 불완전한 지각에서 시작하지만 거기에 우리 고유의 논리적 추론이 덧붙여져 학문적인 방식으로 상승한다. 그러므로 고체의 견고한 존재방식은 우리 논리와 외부 물체들의 공통분모이다. 따라서 지성은 물체의 속성을 파악하는 데 완벽하게 적용되는 한편 물질은 우리의 논리가 파악할 수 있는 방식으로 구조화(물체화)된다. 이것을 베르그손은 "지성과 물질은 점진적으로 상호적응하면서 결국 하나의 공통된 형식에 이르게 되었다"고 표현한다.[10]

실로 기하학은 인간 지성의 탁월한 작품이다. 플라톤이 기하학을 모범으로 하는 초월적 세계를 상정한 것도 부자연스런 일은 아니다. 기하학은 공간을 재단하는 학문이

---

9. 앙리 베르그손, 『창조적 진화』, 244~5쪽.
10. 같은 책, 312쪽

다. 칸트는 공간과 시간을 감성의 선험적 형식으로 전제하고 있다. 감성을 통해 모호하게 지각된 현상은 지성 형식인 개념의 범주들을 통해 명석판명한 인식으로 정돈된다. 칸트는 인식을 현상계로 제한함으로써 초월적 진리의 존재를 부정하지만 현상을 인식하는 감성이나 지성의 형식은 절대적인 것으로 전제하고 있다. 이렇게 해서 고대의 초월적 존재론을 대신하여 근대의 초월론적transcendental 인식론이 자리 잡는다. 베르그손의 생성철학은 이런 종류의 절대주의의 양상들을 동시에 거부한다. 특히 칸트철학에서 "지성은, 마치 우리가 각자 자신의 얼굴을 가지고 태어나듯이, 자신의 형식을 가지고 하늘에서 떨어진" 것처럼 보인다.[11]

근대적 인식론의 절정을 이루는 칸트의 입장에 대한 베르그손의 비판은 생명론적 기초에 입각해 있다. 베르그손은 칸트의 인식론의 핵심을 공간 개념에서 찾는다. 칸트는 시간도 공간처럼 동질적이고homogène 순수한 방식이라고 주장함으로써 시간의 진정한 가치를 잃어버린다. 베르그손은, 공간은 그 순수한 특징에서 볼 때 감성의 형식이기보다는 지성의 형식이라고 본다. 지성의 추론을 가능하게 하는 개념들의 고체적 특징이 바로 거기서 유래한다.

---

11. 같은 책, 232쪽

반면 시간은 지성보다는 우리가 체험하는 실재의 특징이다. 무엇보다도 생명체의 삶의 과정에서 나타나는 경과와 성숙, 역사라는 실재적 특징이 바로 시간에서 유래한다. 그런데 지성의 선험적 형식이라는 개념 범주들 역시 생명적

장 삐아제(Jean Piaget, 1896~1980)

의미에서 벗어날 수 없다. 그것들은 단지 생명체인 한에서의 인간의 '행동'에 관련된다. 베르그손은 "행동을 놓아 보라Posez l'action. 지성의 형식 자체가 거기서 도출된다"고 한다.[12] 행동의 필요성에 의해 우리는 추론을 하게 되고 추론은 개념들을 사용하며 개념들은 몇 가지 한정된 범주들을 통해 정돈된다. 물론 이러한 과정은 처음부터 완벽하게 주어지지 않는다. 삐아제가 행한 아동의 지성발달 연구결과가 그러하듯이 인류학자들과 진화생물학자들은 인간의 진화에서도 지성적 추론은 점진적으로 발달해 왔음을 드러내 준다.

지성의 형식들이 생명적 기원을 갖는다면 그 배경을

---

12. 같은 책, 233쪽.

이루는 순수공간 역시 마찬가지다. 다음의 인용문은 그 점에서 핵심적이다.

> 동질적 공간과 동질적 시간은 사물의 속성들도 아니고 이 속성들을 인식하는 우리의 인식능력의 본질적 조건들도 아니다. 그것들은 우리가 실재의 움직이는 연속성에 받침점들을 확보해 주기 위해, 거기에 행동의 중심들을 고정하기 위해, 결국 거기에 진정한 변화들을 도입하기 위해, 실재로 하여금 받아들이지 않을 수 없게 하는 응결solidification과 분할이라는 이중적 작업을 나타낸다. 즉 그것은 물질에 대한 우리의 **행동**의 도식들이다.[13]

기하학적 공간은 절대적 의미에서 비어 있으며 질이 없이 완벽하게 순수하고 거기서 다루어지는 형태들은 순수양量이다. 이러한 순수한 특성들은 기하학적 공간이 인간 지성에 의해 구상된 인위적 공간이라는 데 기인하는 것이다. 왜냐하면 자연적 공간은 질적, 지각적 소여所與이며 기하학에서 다루는 양적 공간과 일치하지 않기 때문이다. 자연적 공간은 표상하는 공간이 아니라 체험하는 공간이다. 동물들은 공간에 관한 본능적 감각을 가지고 있다. 아무리 멀리 떨어진 곳이라도 우회하지 않고 직선코스로 자

---

13. 앙리 베르그손, 『물질과 기억』, 351~2쪽.

신의 집을 찾아가는 귀소본능은 동물에게 있어 공간이 사고와 추론의 대상이 아니라 감각과 본능으로 내재화된 인식임을 말해 준다. 동물에게는 삶의 터전인 집을 짓는 것도 기하학적 설계보다는 본능의 연장선상에서 이루어진다. 거미가 거미집을 만들거나 새가 둥지를 트는 것은 가르쳐 주지 않아도 또 지성적 능력이 없이도 한결 같이 이루어지는, 유전자에 각인된 행위이다. 이처럼 동물에 있어서는 동물의 신체와 그의 삶의 공간 사이에 유기적 연속성을 엿볼 수 있다. 인간 역시 자신에 고유한 지각장을 형성하고 운동적 삶의 방식을 가지며 자연적 공간 속에서 환경에 적응하며 살아가는 점에서는 동물과 다를 것이 없다.

그러나 인류의 진화가 시작된 이래 인간은 다른 동물들과는 비교할 수 없는 지성의 비약적 발달을 보게 되었고 이러한 도약은 인간에게 표상의 공간 위에서 지적 사고를 가능하게 하였다. 그 결과 우리는 인간을 그 생물학적 본성을 잊어버리고 사변적인spéculatif 특징에 의해 정의하곤 한다. 『창조적 진화』에서 베르그손은 인간이 날 때부터 기하학자라고 말한다. 그러나 그는 또한 인간이 기하학자인 이유는 그가 장인匠人, artisan으로 태어나기 때문이라고 덧붙인다(85쪽). 이처럼 장인과 기하학자가 본성적으로 연결되어 있다면 이른바 지적 인식의 순수성에 대해 의

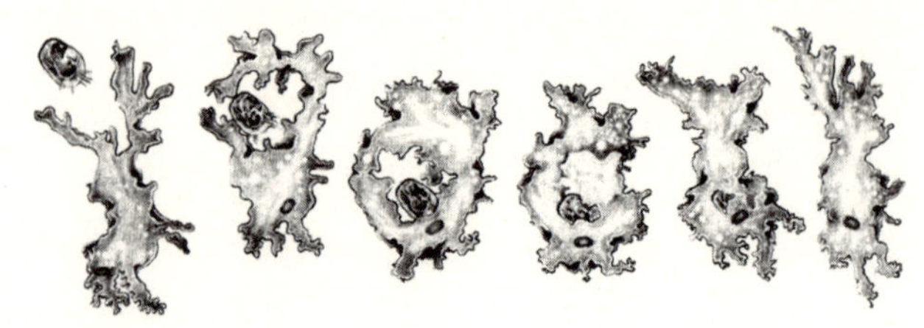

원생동물을 잡아먹는 아메바

문을 제기하지 않을 수 없다. 제작인으로서의 본성이 사색적 인간을 앞선다면 과학과 공학을 가르는 순수성과 응용성의 문제도 그다지 명료한 기준은 아니라고 할 것이다. 어쨌든 생명의 관점에서 볼 때는 기하학적 혹은 과학적 순수성이 그 빛을 잃는 것이 사실이다.

생명진화와 인지

우리는 베르그손에서 생명 현상이 필연성과 비결정성(혹은 우발성) 사이의 일종의 타협안에서 유래한다는 것으로부터 이 절의 논의를 시작했다. 비결정성은 생명적 도약의 다른 측면이기도 하다. 베르그손은 "생명의 근본에는 물리적 힘들의 필연성에 가능한 한 많은 양의 비결정성을 덧붙이려는 노력이 있다"고 가정한 후 이 노력은 에너지를 창조하는 자유자재한 힘은 전혀 아니라고 서둘러 덧붙인다.[14] 베르그손의 묘사를 보면 그것은 관찰가능한 데서 출발한 사실임을 알 수 있다. 가령 "노력은 자신의 처분에 맡겨진 기존의 에너지를 최대로 잘 사용하는 것만을 목표로 하는 것처럼 모든 일이 진행된다. 거기에 성공하는 데는 한 가지 수단밖에 없다. 그것은 물질로부터 충분한 잠재적 에너지를 축적해서 주어진 순간에 방아쇠를 당김으로써 행동하기 위해 필요한 일을 얻는 것이다. 노력 그 자체는 이렇게 촉발하는 힘밖에 가지고 있지 않다".[15] 에너지의 축적과 소비를 효율적으로 하기 위한 우리의 노력의 경제학은 일상생활에서 늘 관찰할 수 있는 일이다.

생명의 여러 형태들은 진화의 다양한 노선들에서 이러한 노력을 실현하고 있다. 진화의 장대한 광경은 물질로부터 무언가를 얻어내려는 생명의 노력으로부터 얼마나 다양한 생명형태들이 가능한지를 잘 보여준다. 오늘날 생물의 분류를 보면 대체로 식물과 동물 그리고 미생물이라 불리는 원시유기체들로 나뉘는데 이 마지막 종류의 유기체들 중에는 유글레나처럼 광합성작용을 통해 에너지를 직접 축적하는 동시에 공간운동에 의해 그것을 폭발적인 방식으로 소비하는 것들이 관찰된다. 다른 한편 식물이나 동물의 진화는 그런 이중성 중에서 각기 다른 방향으로 나아

---

14. 앙리 베르그손, 『창조적 진화』, 181쪽.
15. 같은 책, 181~2쪽.

간 것처럼 보인다. 우선 식물은 태양에너지를 이용하여 에너지를 스스로 축적하는 기능을 하기 때문에 일정한 공간에 고착된 생활을 하게 되었다. 그것이 요구하는 물질적 조건은 언제나 어디서나 균일하게 퍼져 있다. 때문에 식물은 자신이 우연히 삶의 터전을 두고 있는 장소에서 세계의 중심이 된다. 그것은 자신의 위치에서 물질적 조건과 직접 접촉하는 방식으로 삶을 영위한다. 이러한 생존조건으로 인해 식물은 감각과 의식을 개화시킬 필요가 없으며 적어도 의식의 방향으로는 더 이상의 도약을 할 수 없게 되었다. 반면 동물은 스스로 에너지를 합성할 수 없기 때문에 식물이나 다른 동물들을 먹이로 하여 살 수밖에 없고 따라서 운동적인 삶의 방식을 갖게 되었다. 운동은 동물로 하여금 의식을 깨어나게 한 근본적인 원인이다. 동물은 생존을 위해 다른 대상들을 찾아 헤매야 할 뿐 아니라 그것들의 특성을 면밀히 지각하고 검토해야 한다. 동물의 삶을 관장하는 '감각-운동 체계'는 여기에 기원을 둔다.

동물의 감각-운동 체계는 인지와 행동의 연결고리이다. 이 체계는 아메바와 같은 원시생물로부터 인간에 이르기까지 한결같이 존속하며 감각과 운동은 기생동물이 아니고서는 분리되어 존재하지 않는다. 다만 아메바에서는 위족을 아무 데나 뻗어보는 접촉 행위가 감각인 동시에 운동이지만 동물계열로 보다 진화한 것들에서 감각-운동 체계는 신경계로 정착되는 것을 볼 수 있다. 신경계를 갖는 신체의 형태는 에너지가 이동하는 길을 잘 보여준다. 신경 요소들의 망은 자극에 적절한 반응을 할 수 있도록 구성되어 있으며 그 외의 신체 기관들에 축적된 에너지는 적절한 순간에 방아쇠가 당겨지면 지체 없이 행동에 사용된다. 그래서 베르그손은 신경계야말로 소화, 호흡, 순환, 배설과 같은 기능보다도 생명의 본래 활동에 본질적인 것이라고 주장한다. 일례로 장기간 단식을 하거나, 아사한 동물의 경우, 뇌는 거의 해를 입지 않는 반면 나머지 부분은 심한 상해를 입는 것을 볼 때 신경계는 마치 유기체 전체의 존재 이유인 것처럼 나타난다.

동물의 신경계는 인지와 행동이 단순 대응하는 단선적 체계가 아니다. 복잡한 동물로 갈수록 신경계가 열어 놓는 행동의 선택지는 이론적으로 무한대에 가까워진다. 다시 말하면 그것은 행동의 가능성, 비결정성의 영역을 상징한다. 왜냐하면 "신경계에는 뉴런들이 끝에서 끝으로 이어져 있어 각각의 끝에는 그만큼의 문제들이 제기되는 겹겹의 길들이 열리게 되어 있는데, 이러한 신경계야말로 진정한 비결정성의 저장고"이기 때문이다.[16] 행동의 선택은 동물

---

16. 같은 책, 196~7쪽.

인간의 진화 과정

에게 제기된 문제의 해결을 목표로 한다. 뇌척수신경계를 이루는 요소들인 뉴런들의 어마어마한 조합이 바로 문제를 해결하기 위한 행동의 선택지의 무한함을 나타내는 것이다. 물질에 비결정성을 삽입함으로써 무언가를 취하려는 생명의 노력은 그러므로 신경계에서 완성된 형태를 갖춘다.

이러한 무한한 행동의 가능성은 결국 무엇을 의미하는가? 여기에 어느 정도 인간적인 해석이 들어가지 않을 수 없다. 베르그손은 동물의 신경계에 그려져 있는 무수한 선택지는 곧 자유를 의미한다고 본다. 동물은 자신의 행동을 다소간 선택할 수 있게 됨에 따라 그만큼 더 자유로워진다. 또한 이러한 자유는 인간에 와서 고차적인 의식의 발달로 나타난다. 베르그손은 이 대목에서 동물과 인간의 차이를 말한다. 그는 의식적 자유의 차원에서 인간과 동물의 차이는 열림과 닫힘의 차이라고까지 말한다. 사실 다양한 동물들 사이에 유전자 차원에서의 차이는 생각보다 크지 않을 것으로 알려져 있다. 인간과 가장 가까운 동물인 영장류의 다른 동물들, 특히 침팬지와 인간의 유전자는 98퍼센트가 같다고 한다. 그렇다면 베르그손이 말하는 닫힘과 열림이라는 근본적 차이를 가능하게 하는 물적 토대는 무엇일까?

우선 동물과 인간이 보여주는 차이의 양상들을 살펴보도록 하자. 생각하는 인간Homo sapiens, 제작하는 인간Homo faber, 말하는 인간Homo loquens, 유희하는 인간Homo ludens 등은 각각 인간을 다른 동물들과 구분시켜 주는 본질적 특성에 의해 인간을 정의하는 말들이다. 진화의 역사에서 볼 때 인류의 탄생은 직립보행, 언어와 손의 사용, 뇌의 발달로 특징지어진다. 이것들은 거의 동시적으로 발생했으며 서로 밀접한 연관 속에 있는 특징들이다. 이렇게 볼 때 위에서 열거한 인간의 정의들은 강조점의 차이를 가지고 있을 뿐 사실상 하나의 사건에서 유래한 것이다. 그 사건이란 무엇일까? 그것은 다른 동물과 뚜렷이 구분되는 지성의 비약적 발달이다. 진화의 과정에서 볼 때 지성은 사색의 기능이기보다는 삶의 방식으로서 나타났다. 즉 그것은 물질적 조건에 적응하고자 하는 인간적 방식의 표현이다. 뇌의 발달과 손의 사용으로부터 도구의 발명이 유래하게 된 데서도 이를 알 수 있다. 실제로 도구 제작은 아무리 초보적인 것일지라도 분석과 추론을 요하는 지성적 작업이다. 도구 제작의 목적은 인간의 본능적 혹은 유기적 불충분성을 보완하는 것이다. 동물이 자연적 힘에 의해 혹은 본능에 의해 행동하는 곳에서 인간은 도구를 만들어낸다. 다른 동물과 달리 강인한 신체적 조건이나 본능적 생존감각을 결핍한 인간이 생존을 위해 발달시킨 능력이 도구를 제작하는 지성인 것이다. 따라서 도구를 제작하는 인간의 본성은 인간의 가장 근본적인 특성을 드러낸다고 할 수 있다. 베르그손은 다음과 같이 말한다. "만약 우리가 모든 오만으로부터 벗어날 경우, 우리가 인간종을 정의하기 위해서 역사시대와 선사시대가 인간과 지성의 항구적인 특성으로 제시하는 것에 엄밀히 머물기로 한다면 우리는 아마도 (인간을) 호모 사피엔스라고 하지 않고 호모 파베르라고 말할 것이다".[17]

인간이 도구 제작으로부터 시작해서 오늘날의 기계문명까지 이루어낸 것은 필연적 과정은 아니었을지 몰라도 호모 파베르로서의 인간 본성이 그 배경에 있다는 것은 어렵지 않게 짐작할 수 있다. 지구 위의 인간의 생존은 물질의 속성을 파악하고 그것을 이용하는 과정이었다 해도 과

---

17. 같은 책, 214쪽.

언이 아니다. 그런데 이러한 제작인으로서의 인간이 원시
적인 도구 제작에 머물지 않고 그 기능을 무한히 발달시킬
수 있었던 것은 또 어떤 이유에서일까? 그것은 어떤 의미
에서는 인간의 생존방식이 본능으로부터 멀리 벗어났을
때 이미 예정된 결과였다. 본능은 직접적 행동 속에서 그
효과가 즉각적으로 나타나며 학습이나 추론으로 지식을
형성하기보다는 체험 속에서 구체화된다. 반면 지성은 직
접적 행동이 불가능한 곳에서 미리 행동의 계획을 세우기
위해 발달한다. 비록 지성은 초보적 형태에서는 직접적인
이득을 얻기 위해 활동하지만 그 본성상 일반화하고 추론
하기에 적합하게 되어 있어서 구체적 사물을 대상으로 삼
기보다는 사물들 간의 관계와 형식을 그려 보고 분석과 추
론을 행한다. 이러한 형식적 지식은 구체적 성공을 보장해
주지는 않으나 그 대신 인식의 대상을 무한히 확장하기에
이른다. 이것은 결정적으로 언어 기호를 통해 가능해진다.
단순한 기호들의 무한한 조합이 지성이 활동할 가능성의
영역을 정밀하게 그려준다. 베르그손은 지성에 포함된 "잠
재성의 영역을 현실성으로 이행"하게 해 준 수단이 언어라
보고 있다.[18] 언어 단어들은 한 사물에서 다른 사물로, 그
리고 지각된 사물에서 그것의 기억으로, 기억에서 관념으

---

18. 같은 책, 242쪽.

로 이동과 확장이 가능하다. 언어는 종국적으로 우리에게 관념의 세계를 열어준다. "이와 같이 밖을 바라보는 지성의 눈에 하나의 내적 세계 전체가, 즉 자신의 고유한 작용들의 광경이 열릴 것이다".[19]

이러한 관념 세계의 출현으로 인해 인간은 표상하고 꿈꾸는 존재가 되었다. 동물에서 기억이 유사한 지각을 습관적으로 식별하는 데 이용될 뿐이라면 인간에서 그것은 임의의 순간에 의도적으로 상기할 수 있다. 동물이 자신의 기계장치를 단지 유지하는 데 그친다면 인간은 그것을 자신이 원하는 대로 변형하여 사용한다. 그래서 동물에서 습관은 일단 형성되면 벗어나기가 어렵지만 인간은 과거의 습관들을 교정하거나 새로운 습관들로 대치할 수 있다. 새로운 습관들을 자발적으로 만들어 내는 능력은 동물에게는 극히 제한되어 있다. 인간의 뇌는 그 가소성으로 인해 새로운 습관들을 만들어 내고 이를 적절한 순간에 가동시킬 수 있을 뿐만 아니라 무수한 운동기제mécanisme들을 서로 경쟁시켜 그것들이 서로와 맺고 있는 속박에서 벗어나게 해 준다. 두뇌가 보여주는 이 모든 능력은 인간의 자유를 해방시킨 물적 토대이다. 그리하여 인간은 "필연성 그 자체인 물질과 더불어 자유의 도구를 창조해 내고 기계장

---

19. 같은 책, 243쪽.

조나단 브롭스키, 〈망치질 하는 사람〉(Hammering Man)

치를 제압하는 기계를 만들어 내며 자연의 결정론을 이용하여 그것이 쳐 놓은 그물코를 관통"한다.[20]

결국 진화에서 인간의 특별한 점은 위와 같은 뇌의 가소성을 이용하여 무수한 발명과 창조의 도구들을 만들어 내고 오늘날의 기계문명을 이룩한 데 있을 것이다. 이것이 오늘날 문화적 진화를 말하게 하는 토대가 된다. 아무튼 그것은 결과론적인 이야기다. 베르그손은 생명의 진화에서 우발성의 영역을 강조하면서 진화 도중에 나타난 우발적 사태들이 오늘날의 진화현상을 아주 다르게 만들었을 가능성에 대해서도 강조해서 말하고 있다. 그러므로 생명 진화에서 항구적인 것이 있다면 그것은 물질에 비결정성을 삽입하려는 집중적인 힘, 그리고 일단 형성된 생명의 형태들이 거기서부터 무언가를 얻어 내려는 노력이다. 이것이 환경의 우발적인 양상들과 더불어 때로는 치열하게 보이는 생명체들의 경쟁과 때로는 조화롭게 보이는 생명체들의 협동을 통해 생명계 전체의 장관을 만들어 내는 것이다.

---

20. 같은 책, 393쪽.

2장

'이-것'-되기로서의 주체-화

이정우

환원주의로부터 확장된 개체 개념으로

확장된 개체인 이-것과 이것-되기로서의 주체-화

하나의 개별자로서 살아가는, 그러나 동시에 숱한 관계 속에서 살아가야 하는 존재, 자신의 동일성에 집착해도 또 관계들의 바다에 용해되어도 심각한 문제에 봉착할 수밖에 없는 존재, 끊임없이 타자화되면서도 동일자로서의 자기를 잃지 않으려는 존재, 아니 동일자로서의 자기를 소멸시키지 않기 위해서도 타자화되지 않을 수 없는 존재, 이런 아슬아슬한 이중체가 '주체'이다. 어떤 주체로서 살아가야 하는가, 이것이 삶의 핵심 문제이다.

단적으로 주어진 것으로서의 주체 개념으로부터 주체-화 개념으로의 이동은 현대의 사유가 이룩한 가장 의미심장한 성과들 중 하나이다. 이것은 단지 주체를 실체주의적인 방식이 아니라 생성존재론의 방식으로 파악했다는 이론적인 맥락에서만은 아니다. 주체란 그것을 모양 지으려는 숱한 객체성들과의 밀고 당기는 투쟁, 화해, 혼화混和를 통해서만 (그 말의 진정한 의미에서의) 주체일 수 있다는 점을 드러내 주었다는 점에서도 그렇다.

'주체-화'subjectivation는 '주체'와 다를 뿐만 아니라 근대적인 의미에서의 '주체화'Subjektifikation와도 다르다. 주체-화는 객체-화를 만들어냄으로써 이루어지는 분리 현상이지만, 동시에 또한 주체-화와 객체-화를 아우르는 메타적 객관성으로서의 객체-화의 일부(x로서가 아니라 dx로서의 일부)이기도 하다. 주체-화를 통해 객체-면과는 다른 주체-면이 형성되지만, 주체가 절대적으로 초월적일 수는 없는 한 이 주체-면은 더 포괄적인 의미에서의 객체-면을 초월하지 못한다. 사르트르는 초월하는^{dépasser} 주체의 성격을 누구보다도 잘 보여주었다. 주체는 dx로서 끝없이 스스로를 초월해 간다. 그러나 이 dx는 그 자체로서는 추상적인 생성일 뿐이며, dy(객체의 생성하는 총체)와의 관계 하에서만($\frac{dy}{dx}$) 일정한 모습을 띠게 된다. dx는 늘 dy와 맞물려-변해가는 한에서의 dx이다. 반대로 보아, 객체는 주체가 배제된 상태에서의 어떤 고정된 동일성이 아니라 주체의 변화와 맞물려-변해 가는 총체로서의 객체이다. 결국 주체는 객체 — 대상이 아닌 전체로서의 객체 — 에 포괄될 수밖에 없지만, 주체의 포괄은 곧 객체를 변모시킨다. 그리스 연극에서처럼 주인공(개인이든 집단이든)은 결국 합창단에 포괄되지만, 주인공의 존재는 (주인공과 합창단을 포괄하는) 전체를 변모시킨다. 이 점에서 주체는 수동적-능동적 이중체이며, 존재의 생성하는 주름이다. 이것은 푸코가 말년에 몰두한 주제이기도 하다.[1]

---

1. 들뢰즈의 다음 언급을 잘 음미해 보자. "푸코가 집요하게 붙들고 있는 주제는 이중체(double)라는 주제이다. 그러나 이중체는 결코 내부성의 투사가 아니다. 반대로 그것은 바깥의 내부화이다. 그것은 '일자'(一者)의 분열(dédoublement)이 아니라 '타자'(他者)의 중첩(redoublement)이며, '동

그러나 주체-화의 문제 이전에 개체-화의 문제가 있다. 주체는 개체에게서만 성립하기 때문이다(고대인들은 비-개체에게 주체성을 부여하기 위해 그에 이름을 붙이곤 했다).

질베르 시몽동(Gilbert Simondon, 1924~1989)

주체-'화'를 사유한다는 것은 곧 인칭의 성립을 가능케 하는 '비-인칭적 장'을 사유하는 것이다. 그러나 이는 또한 그 이전에 개체-화를 사유하는 것, 즉 '전-개체적 장'을 사유하는 것이다. 개체-화의 문제를 다룬다는 것은 곧 개체를 모델로 해서 개체-화를 사유하기보다는 개체-화를 터로 삼아 개체를 사유함을 뜻한다. 이것은 질베르 시몽동의 기획이기도 했다. 결국 '전-개체적이고 비-인칭적인 장'과 그 위에서 이루어지는 개체-화와 주체-화를 포함하는 다

일자'(同一者)의 재생산이 아니라 '차이(差異)나는 것'의 반복이며, 어떤 '나'(JE)의 발현이 아니라 언제나 타자인 어떤 것 혹은 내가 아닌 어떤 것 (non-Moi)의 내재화(mise en immanence)이다. 중첩에 있어 하나의 이중체인 것이 타자가 아니라, 타자의 이중체로서 나를 사는 것이 나(moi) 이다. 나는 외부에서 나를 만나는 것이 아니라 나의 내부에서 타자를 발견하는 것이다("중요한 것은 타자가, 먼 것이 또한 가장 가까운 것, 동일자임을 드러내는 일이다").(Gilles Deleuze, *Foucault*, Ed. de Minuit, 1986, p. 105)

층적多層的 구도에서 사유할 필요가 있다.

개체-화의 문제는 상식적 의미에서의 개체를 넘어서 이를 생성의 장 속에서 사유하려는 시도이다. 그러나 이 논의 이전에 우선 우리의 논의가 각종 형태의 환원주의들과 어떻게 입장을 달리 하는지 논할 필요가 있다. 우리의 시도는 '개체성'을 달리 사유하려는 것이지 다른 어떤 차원들로 환원하려는 시도가 아니기 때문이다. 우리는 개체를 끝없이 다른 무엇(들)에로 환원하려는 경향과 (상식적 의미에서의) 개체를 실체화하려는 경향을 동시에 극복해야 한다. 이런 맥락에서 우선 개체의 존재 자체를 다른 차원으로 환원하려 했던 사상사의 경향을 비판적으로 검토해 보자.

환원주의로부터 확장된 개체 개념으로

학문의 역사를 살펴보면, 개별적 존재들은 늘 그것들 자체로서가 아니라 다른 어떤 것으로 환원되어 이해되곤 했다. 어떨 때는 그 위에 존재하는 것들로 환원되어, 종/유의 한 예화例化, 형상/리의 구현체, 피조물, 전체의 양태 또는 '계기', …… 로 이해되었고, 또 어떨 때는 그 아래에 존재하는 것들로 환원되어, '~자'子라든가 '~소'素의 집합체들로 이해되었다. 전자의 경우 개별자들은 각종 형태의 보편자들로 환원되었고, 후자의 경우 각종 형태의 물질적 존재들로 환원되었다. 하지만 개체란 과연 그 이상의 무엇으로 또는 그 이하의 무엇으로 환원되어야 하는 존재인가?

우리 모두는 개체가 무엇인지를 직관적으로 이해한다. 그러나 개체의 개념에는 모호한 구석이 있다. 개체를 규정해 주는 분절선은 정확히 어디에서 그어져야 하는가. 방금 우리는 개체 이상과 이하를 논했다. 하지만 하나의 분자, 하나의 세포도 타자들과 구분되는 자체의 구조적 동일성을 갖추고 있다는 점에서는 개체이며, 하나의 가족이나 국가도 어떤 면에서는 개체이다. 개체의 개념은 극대와 극미로 뻗어가는 무수한 상대적 분절선들로 확장될 수 있다. '불연속'과 '하나'가 있는 곳에 개체가 있다. 'atoma'가 'atomum'과 'individium'으로 분화되어 번역되었다는 사실은 시사적이다. 분할할 수 없는 것, 더 정확히 말해 분할하면 더 이상 본래의 자신이 아니게 되는 모든 것이 개체이다.

그럼에도 좁은 의미에서의 개체 개념이 의미를 잃어버리는 것은 아니다. 잠정적으로 다음 규정을 제시해 보자 :

개체란, 그것의 구성 요소들은 그것을 위해 존재하지만, 그것 자체는 다른 것의 온전한 구성 요소가 되기를 거부하는 존재이다. 반대의 방향에서 말해, 개체란 전체는 그것을 포함함으로써 전체가 되지만 그것 자체는 어떤 전체에도 온전히 속하지 않는 존재이다. 개체란 '자'와 '타'를 스스로 구분하는 존재로서, 결국 기己인 존재이다. 철수의 세포들, 유전자들, 철수의 몸에서 일어나는 화학반응들, …… 등은 모두 철수라는 개체의 존재를 전제하고서 성립한다. 그것들은 철수를 위해서 존재한다. 그러나 철수는 그의 가족, 마을, 국가, 지구, …… 를 위한 온전한 요소가 되기를 거부한다. 이 이기성利己性이 '자기'自己를 형성한다. 이 점에서 개체의 뚜렷한 예는 생명체, 그 중에서도 동물이며, 그 중에서도 특히 인간이다. 개체란 결국 극미의 차원에서 극대의 차원까지 이어져 있는 이 우주에서 뚜렷한 하나의 분절선을 만들어 내는 독특한 존재이다.

개체라는 존재를 확고한 본질을 가진 실체로서 보는 관점은 이미 다양한 각도에서 극복되었다. 지금 논의의 목적이 이 낡은 존재론을 복권시키려는 것은 물론 아니다. 문제는 개체의 위상을 희박하게 만드는 모든 관점들에 대해 의구심을 가질 필요가 있다는 것이다. 개체의 존재론적 특권이 오래 전에 박탈되었다 해도 우리의 일상적 삶은 철저하게 개체들을 토대로 이루어져 있으며, 개체가 부정될 경우 윤리와 정치를 비롯한 모든 문화적-가치론적 담론들/행위들은 그 건강한 토대를 잃어버릴 것이기 때문이다. 개

폴 울포위츠(Paul Wolfowitz, 1943~)

체를 그 이하의 요소들로 환원하려는 경향들이든, 아니면 그 이상의 단위들로 환원하려는 경향들이든, 아니면 보다 심층적인 어떤 존재들(구조주의가 말하는 '구조', 정신분석학이 말하는 '무의식' 등등)로 환원하려는 경향이든, 이 모든 생각들은 주체의 위상을 약화시킨다는 점에서 공통된다. 그러나 사람들이 자신들의 사랑스러운 아이에게 입맞춤할 때 그들은 어떤 세포 덩어리가 아니라 그들이 어떤 특정한 날, 특정한 장소에서 태어난, 그리고 자신이 기저귀를 갈아주고 우유를 먹이고 자장가를 부르면서 키운 바로 그 아이에게 입맞춤하는 것이다. 이라크 전쟁의 원흉으로서 우리가 지목하는 것은 백악관의 바로 그 부시라는 특정한 개인이지 그의 DNA라는 추상적인 존재가 아니다(그 상위로 가서 '네오콘'이라는 보편자 역시 울포위츠를 비롯한 특정한 인간들을 묶어 부르는 이름일 뿐이다). 이런 사

실이 부정된다면 우리의 현실은 무엇이 될까? 다른 형태의 환원주의들에도 똑같은 물음을 던질 수 있다.

거듭 말하지만, 이것이 개체를 존재론적으로 실체화해야 함을 뜻하는 것은 아니다. 존재론적 분절은 상대적인 것이며 맥락에 따라 달라져야 한다. 특정한 분절의 절대화는 역동적 분절들의 다원성에 자리를 내주어야 하며, 또 언제나 그래 왔다. 그래서 개체들이란 원자들의 운동 결과일 수도 있고, 이데아의 구현체일 수도 있다. 또 신의 창조물일지도 모르고, DNA의 발현체일지도 모른다. 무의식의 구성물일지도 모르고 미분방정식이 현실화된 것일지도 모른다. 보다 상상적으로는, 〈매트릭스〉에서처럼 프로그램된 사이버세계의 기호들일지도 모르고, 한편의 호접몽胡蝶夢일지도 모른다. 그럼에도 이런 설명들과 설명 항(개체) 사이의 간극은 메워지지 않는다. 이 모든 생각들에도 불구하고, 우리는 개체들의 존재론을 가지고서 나날을 살아간다. 이런 생각들은 분명 개체의 어떤 측면들을 비추어주며 이 점에서 모두 빛나는 통찰들이다(이런 이론들이 없었다면, 우리는 상식적으로 지각하는 개체들의 차원에서 한발자국도 더 나아갈 수 없었을 것이다). 그러나 개체는 이런 설명들 중 하나에로 온전히 환원된 적이 없으며 앞으로도 되지 않을 것이다. 나아가 다른 각도에서 말해, 이 모든 생

각들은 현실을 살다 간 어떤 개인들에게서 나온 생각들이고 그것들 중 어떤 것을 믿는 또는 논박하는 존재들 또한 개인들이다. 개체는 그 어떤 설명-틀에 포획될 경우든 늘 (설명되는 부분보다 더 큰) 여백을 남긴다.

문제의 장소

이 생각을 구체화하기 위해 하나의 예를 취해서 논해보자. 이는 곧 (최근에 자주 논의되고 있는) 생물학적 환원주의의 예이다. 생명의 문제는 위대한 지성들의 열정을 끌어낸 대표적인 문제들 중 하나이다. 그러나 고유한 의미에서의 생물학은 서구 문화의 산물이라 해야 할 것이다. 타 문화에서 우리는 생명에 대한 문학적 찬탄이나 형이상학적 사변 그리고 의학적 실천을 볼 수 있다. 그러나 생명bio을 과학적 이성logos을 가지고서 탐구한 '생물학'을 발전시킨 것은 서구 문화이다. 때문에 생물학에는 서구 존재론이라는 심층적인 배경이 가로놓여 있다. 그러나 생물학과 존재론의 관계는 역사 속에서 여러 번 변환을 겪었다는 사실을 이해하는 것이 중요하다.

아리스토텔레스의 형이상학은 그의 생물학을 추상적 차원으로 일반화시키고 있다. 발생학에 대한 그의 열정은 가능태와 현실태 개념을 낳았고, 생명체의 변화에 대한 세심한 관찰은 유명한 4원인의 설을 가능케 했고, 계통학/분류학에의 몰두는 형상들의 유기적 체계라는 그의 존재론을 탄생시켰다. 1) 모母의 난자에 부父의 정자가 들어가 수태되는 것은 곧 질료에 형상이 구현되는 것이다. 질료는 무엇인가가 될 수 있는 가능태이고, 형상은 바로 그 '무엇'이다. 가능태는 현실태로서의 형상의 인도를 받아 완성태로 향해 간다. 2) 생명체(더 넓게는 개체)를 이해하기 위해 질료인과 형상인 외에 운동인(부와 모) 그리고 목적인(가능태로부터 현실태로 가는 운동의 방향성, 도달해야 할 목적으로서의 완성태의 선재先在)이 필요하다. 3) 형상들의

체계로서의 종·유의 체
계, 즉 분류학적/계통학
적 체계가 세계 이해의
전체 상(像)으로서 제시된
다. 이런 전체적 배경
아래에서, 우리는 그에
게서 개체에 대한 최초
의 정교한 이론을 발견
한다. 그러나 아리스토
텔레스에게는 **개체(제일
실체)**와 **형상(제이 실체)**

아리스토텔레스(Aristotélēs, B.C. 384~B.C. 322)

사이에서의 흔들림이 있다. 지금의 논의 구도에서 볼 때,
아리스토텔레스가 존재론적 직관과 (자연철학자들로부터
플라톤에 이르기까지의 지적 유산이 요구하는) 인식론적
구도 사이에서 드러낸 이 흔들림은 우리의 문제가 발생한
원초적인 장소를 보여준다고 할 수 있다.

근세 이후 생명 탐구의 과정은 개체에서 시작해(또는
종에서 시작해) 분자에 이르는 하향(下向)의 과정이다. 생물
학, 나아가 자연과학 일반은 좀 더 마이크로한 세계를 향
해 지치지 않고 질주해 왔다. 그리고 좀 더 마이크로한 세
계가 발견되면 그보다 상위의 세계들은 이 세계에로 환원

되어 이해되었다. 근대의 합리적 이성은 '분석'의 개념을
통해 이러한 과정을 정초했다. 사물들을 보다 잘게 분할
해 분석하고 그 결과를 가지고 분할하기 이전의 존재를
설명하는 것. 근대적 감수성은 곧 '마이크로'에 대한 감수
성이다. 과학은 사물들을 계속 분석해 나갔으며 한 단계
아래 층위로 분석해 내려갈 때마다 큰 성공을 거두곤 했
다. 때문에 분석적이고 환원적인 방법은 이내 과학적 방
법 그 자체와 동일시되기에 이르렀다.[2] 이런 식의 시도는
이미 데카르트에 의해 명확하게 표명되지만, 보다 현실
적 형태는 현대의 유전자 환원주의에 이르러 분명하게
드러나게 된다.

데카르트는 신과 영혼을 제외한 일체의 사물을 기하학
으로 설명하려는 근대 과학의 야심을 분명하게 표현했다.
중요한 것은 그가 이 야심을 생명의 영역이라고 해서 완화
시키지는 않았다는 사실이다. 그에게 생명체는 기계론적
으로 완벽하게 설명할 수 있는 것이었다. 비록 그가 실제

---

2. 물론 이런 흐름은 반대 방향의 흐름, 즉 현실차원을 거시차원으로 환원시
키려는 흐름들과도 맞물려 있다. 예컨대 분자생물학의 발달은 진화론과
연결되어 생명관을 변화시켰으며, 이로써 개체들의 차원은 미시차원과
거시차원으로 **이중적으로** 환원되기에 이르렀다. 그러나 이 구도는 어떤 면
에서는 긍정적인데, 미시와 거시를 관통하려면 어쨌든 중간차원을 통과
해야 하고 이로써 (단순한 일방향적인 환원주의에 비해) 논의 구도가 덜
단순해졌기 때문이다.

제시한 설명이 오늘날 우리의 눈길에는 무척이나 조잡하게 비친다 해도. 게다가 데카르트는 훗날 라플라스Pierre Simon Laplace가 물리세계에 관련해 주장할 철저한 결정론을 그보다 몇 세기 전에 생명세계에 관련해 주장했다 : "만일 누군가가 동물의 어떤 종(예컨대 인간)의 종자를 그 모든 부분들까지도 인식한다면, 그는 이 지식만을 가지고서 확실한 이성과 수학을 사용해 그 종자가 후에 도달할 모든 형태와 구조를 연역할 수 있을 것이다."(『동물의 형성』) 오늘날 물리세계에 관련해서도 무리하다 싶은 결정론이 생명세계에 관련해 역설되고 있는 것이다. 그러나 오늘날까지 생물학을 추동해 온 야심은 바로 데카르트의 이런 야심이었다는 사실 또한 부인할 수 없다.[3] 데카르트는 (영혼과 신을 제외한) 모든 개체들을(나아가 만물을) 'res extensa[연장延長]'로 환원하고자 함으로써 근대를 관통해 오늘날까지 이어지고 있는 **환원주의 프로그램**을 진수시켰다.[4] 그

---

3. "만일 난자 내 모든 유전정보에 접근할 수 있다면 그리고 모든 유전자에 대해 상세히 알 수만 있다면, 어떤 동물이 될지 예측할 수 있지 않을까?" 루이스 월퍼트, 『하나의 세포가 어떻게 인간이 되는가』, 최돈찬 옮김, 궁리, 2001, 13쪽.

4. 17세기의 고전 역학은 세계를 이상적인 기계로, 완벽한 시계로 표상했다. 그리고 시간을 되돌려도 고전 역학체계는 흔들리지 않는다는 점에서 이 체계는 가역적(reversible) 체계였다. 따라서 이 체계에서 문제시되는 것은 생명체이다. 생명체야말로 생로병사를 겪는 존재이며 시간의 불가역성을 분명하게 보여주는 존재이기에 말이다. 때문에 생명체를 바라보는

러나 이 프로그램은 한참의 세월이 지나서야 현실화되기 시작했으며, 그 사이에 환원주의와 개체의 문제는 몇 차례의 변형을 겪었다.

거시적 환원주의와 그것의 붕괴

데카르트적 꿈을 현실화할 수 있을 현실적 방법이 부재했던 고전 시대에, 생명과학자들을 사로잡았던 것은 오히려 계통학이었다. 생명체를 미시적으로 분해하기보다는 살아 있는 그대로 관찰하고 오히려 개체 이상의 차원들 — 종과 유, 나아가 목(또는 과), 강, 계와 같은 계통학적 분류 틀들, 또는 물리세계와의 관계 등 — 의 맥락에서 분석하고자 했다. 근세의 생물학자들은 무수한 생명체들의 가시적 성질들(특히 특정한 생명체들에 공동적으로 나타나는 '형질들')을

기계론적 패러다임은 이상적 시계의 모델로부터 증기기관의 모델로 전환해야 했다. "램프가 탐에 따라 기름이 떨어지게 되고 연료가 떨어진 램프는 꺼지듯이, 호흡으로 잃어버린 것을 음식을 통해 복구시키지 않는다면 동물들은 죽게 된다."(라부아지에) 이런 사유 전환이 열역학의 등장과 더불어 본격화되기 시작했던 물리과학의 경우보다 생물과학의 영역에서 먼저 일어났다는 것은 어쩌면 당연한 일일 것이다. 근세적 기계론이 이렇게 발전된 형태로 나아간 것은 우선 생물학의 영역이었다. 그러나 기계론적 생물학이 진정 생명체의 '메커니즘'을 설득력 있게 파헤치기 시작한 것은 그로부터 한참이 지나서였다(그리고 그 사이에 생물학은 기계론으로부터 일단 탈피해야 했다). 그러나 얄궂게도 오늘날에 와서야 확고하게 정립된 이 기계론은 더 이상 예전의 기계론은 아니다.

일반 대수학mathesis의 방식으로 분류하고자 했다. 이를 위해서는 질서정연한 기호체계가 수립되어야 했으며, 때문에 '명명법'이 발달하게 된다. 사물의 가시적 성질들 하나하나(예컨대 식물의 형태, 각 부위의 크기, 꽃잎의 모양, 색깔, 암술과 수술의 수와 모양, 색깔, 꽃받침의 모양, 꽃밥의 위치, ……)는 인간의 마음에 '관념들'을 낳는다.5 그리고 라부아지에와 린네 등에 의해 이 성질들 및 관념들과 상응하는 기호체계가 구축되었다. 그래서 가시적 성질들과 기호들 그리고 관념들이 서로 거울처럼 마주보면서 사상寫像=mapping관

르네 데카르트 (René Descartes, 1596~1650)

---

5. 이런 구도는 영국 경험론자들의 심리학적 인식론에서도 그대로 나타난다. 나아가 화학에서의 명명법, '부의 분석'이나 '일반 문법', 또 '질병 분류학' 같은 다른 담론들에서도 공통으로 나타난다. 푸코가 잘 분석해 주었듯이(『임상의학의 탄생』, 『말과 사물』), 근세(고전 시대)의 여러 담론들은 공통의 에피스테메 위에서 움직였다. 과학사 서술의 주된 대상인 물리학, 즉 갈릴레오와 뉴턴의 수학적 물리학이라는 상위 층위 아래에는 화학, 자연사=박물학, 부의 분석, 일반 문법, 질병 분류학, 나아가 경험주의 인식론 전체를 관통하는 에피스테메가 존재했던 것이다.

계를 형성했다.[6] 이렇게 만들어진 기호체계는 동일성과 차이의 기준에 따라 위계적으로 배열되었다. 이 위계는 연속적이다. 생명체들의 극히 큰 다양성, 그리고 두 생명체 사이에 언제나 존재하는 중간 항에 대한 주목은 이 위계에는 어떤 단절도 없다는 결론을 가져왔다. 이렇게 해서 '생명의 사다리'라는 이미지가 형성되었다. 생명체는, 아니 우주 전체는 가장 아래의 물질로부터 인간에 이르는 간단間斷 없는 사다리로서 파악된다. 중세 신학적 이미지가 여전히 잔존했던 것이다. 개체들은 자신들에 앞서 존재하는 어떤 틀, 어떤 표의 특정한 자리를 할당받는다. 순수 개체, 단독적 개체는 없다. 일반성/보편성에 복속된, **특정한 자리로서의 개체들만이 존재한다.**[7]

---

6. 따라서 이 시대에 '관념들'은 주관적인 것들이 아니다. 사물들(의 가시적 성질들) 및 기호들과의 상응이 전제되어 있기 때문이다. 칸트 이후의 'Vorstellung'(표상)과 근세의 관념은 서로 다른 에피스테메 위에 서 있다. 전자는 객체와 주체의 상응('representation')을 전제하고 있지만, 후자는 '존재와 사유의 일치'라는 끈이 끊어진 이후 이제 (그러한 일치를 전제하지 않은 채) 주체 앞에 '불려와-서-있는' 인식질료(주관적 관념)일 뿐이다. '이념'의 사유를 통해 존재와 사유의 일치를 회복시키고자 한 헤겔이 'Vorstellung' 개념을 폄하한 것도 이 때문이다.

7. 고전 시대의 박물학자들이 생명체들의 가시적 형질들에 주목했을 때, 가능태-현실태라는 시간적 구도는 형질들의 관찰과 분류, '표 만들기'라는 공간적 구도에 자리를 내준다. 수술·암술·꽃받침·꽃잎의 수, 모양, 색깔 등등 무수한 가시적 형질들 사이의 동일성과 차이가 세심히 관찰되고 분류되었으며, 그 관계들의 체계가 도표화되었다. 이러한 작업에서 목적인은 거부된다. 더 정확히는 목적 개념을 끌어들일 이유가 없다. 그럼에도

그러나 이 '일람표' — 훗날 레비-스트로스도 이 일람표 작성의 방식에 매료된다 — 가 좀 더 요령 있게 이해되려면 이 연속성에 마디가 주어져야 했다. 이로부터 '종'種의 개념이 새로운 역할을 떠맡게 된다. 종의 개념에는 더 이상 아리스토텔레스적 형상/본질의 의미가 부여되지 않았다. 본질이 선재하고 그것이 질료에 구현된다는, 따라서 보편자가 개별자에 선행한다는 플라톤적 구도는 이미 거부되고, 유명론이 시대의 대세가 되었다. 실존하는 것은 분명 개체들이다. 그럼에도 과학적 인식을 위해서는 종의 개념이 필수적으로 요청되었다. 그러나 종의 개념은, 사실 아리스토텔레스에게서도 이미 그러했거니와, 이제 일정 정도 발전을 보게 된 발생학의 빛에 비추어 새롭게 이해된다. 종의 동일성은 발생의 동일성에 의해 뒷받침된 것이다. 근세의 종

고전 시대의 박물학자들이 생명체들의 형질들을 도표화할 때 그들을 인도한 것은 고전적인 위계적 세계상, 존재들의 아프리오리한 표였다. 의학에서의 질병 분류학 또한 고전 시대 전체를 지배한 '대(大)질서/순서'의 틀 내에서 이루어졌다. 진화론적 사유가 도입되어 생물학적 탐구가 시간 축을 취했을 때도 심층적으로 변한 것은 없었다. 당대에 '진화'는 결국 아프리오리한 표를 시간 축에 따라 늘어놓은 것에 불과했기 때문이다. 역사에 큰 굴곡을 가져오곤 했던 천변지이(天變地異)들에 대한 인식도 이 존재론적 구도를 타파하진 못했다. 사람들은 사실에 기반해 표를 작성했다기보다 표에 기반해 사실들을 정위(定位)했던 것이다. 고전 시대의 박물학 전체는 라이프니츠의 '일반 대수학'에 기반했다. 개체들은 그 형질들로 분해되고, 분해된 요소들은 도식화되었다.

스웨덴 박물학자 보름(Ole Worm), 〈기묘한 것의 캐비넷〉, 1655

의 개념은 중세의 실재론적 종 개념과 19세기 이래의 철저한 유명론적 종 개념 사이에 위치했다고 할 수 있다. 개체의 동일성이 형성되는 과정('발생')과 그 과정을 공유하는 집단('종') 사이에 동형성이 부과되었다. 그러나 종 바깥의 개체는 없다. 종의 동일성은 개체의 동일성에 의해 뒷받침되지만, 결국 개체의 동일성 자체는 종의 동일성 없이는 무의미한 개념이기 때문이다. 종 개념은 여전히 중세적 뉘앙스에서의 '보편자'였다.

18세기 말~19세기 초에 (라마르크, 퀴비에, 조프루아 등과 더불어) 생명 이해는 새로운 문턱을 넘게 되었고 많은 변화가 도래했다. 고전 시대에 성공을 거두었던 것은 자연사=박물학이었다. 즉, 고전 시대의 생명 탐구는 생명체들의 가시적 표면에서 성공을 거두었으며 그 내부를 들여다보는 데에는 실패했다. 그러나 이제 '조직화'의 개념과 더불어 생물학은 생명체의 내부를, 그 두께를 들여다보기 시작한다. 그러므로 '생물학'이라는 말이 탄생했을 바로 그 시점이 동시에 비교해부학이 탄생했던 시점이라는 것은 전혀 우연이 아니다. '비교'해부학을 통해 기관들의 상호작용이 이해되면서 비로소 생명체 내부의 탐구가 본 궤도에 올랐던 것이다. 그러나 기관들보다 중요한 것은 기능들이었다. 기능들을 이해할 때 기관들의 역할 역시 충분히 드러나기 때문이다. 다리와 날개의 형태학적 차이보다 중요한 것은 그 기능에서의 유사성이었다(이런 맥락에서 아리스토텔레스의 '유비=analogia' 개념이 상동 개념과 상사 개념으로 분화되어 부활하게 된다). 가시적 차이들에서 심층적 유사성으로. 구조에 있어 유사한 상동 기관들과 기능에 있어 유사한 상사 기관들이 탐구되었다. 그러나 기능들에의 주목은 좀 더 심오한 생물학적 통찰로 이어졌다. 기능들은 단편적이지 않다. 기능들은 밀접한 논리적 연관성을 가진다. 포식동물의 강한 턱은 빨리 달리는 다리, 멀리 보는 눈, 강력한 어깨, …… 등을 논리적으로 요구한다. 나아가 기능들은 위계화되어 있다. 신경계, 소화계, 순환계, 비뇨기계 등등은 동등한 가치를 가지지 않는다. 중요한 기능일수록 동물의 내부에 위치한다. 표면의 수평적 구조에서 심층의 수직적 위계로. 이로부터 모든 것이 변하기 시작했다.

기능들/기관들의 무작위적이고 무한한 조합은 가능하지 않다. 생명체들은 논리적으로 정합적인 하나의 도안plan에 입각해 구성되어 있다. '조직화의 도안' 또는 ('도안'이라는 번역어가 인식론적이고 인간중심적이라는 점을 감안한다면) '조직화의 면'이 발견됨으로써 비로소 생물학은 현대성의 문턱을 넘어서게 된다. 그러자 중요한 논쟁이 대두되었다. 조직화의 면은 하나인가 여러 개인가? 조프루아쌩-틸레르는 모든 동물들은 원초적인 하나의 도안('추상 동물')으로부터의 변형들을 통해 생성되었다고 보았으며, 이에 반해 퀴비에는 결코 환원될 수 없는 여러 개의 도안들(특히 네 개의 통약 불가능한 도안들)을 강조했다. 퀴비에에 따를 때 이제 서구 자연관에서 줄기차게 내려온 사다리의 이미지, 생명 연쇄의 이미지는 붕괴된다. '아프리오리한 표'는 무너진다. 생명계는 갖가지 불연속을 품고 있는 곳, '도약'이 중요한 역할을 하는 곳으로 변한다. 생물학사에서 이 변화는 철학사에서 '존재와 사유의 일치'를 보장

해주던 끈이 잘린 것만큼
이나 중요한 의미를 띤다.
생명의 사다리가 붕괴되면서
생명 이해는 새로운 단계
로 접어든다.

이제 생물학은 본질주
의의 테두리를 넘어 비상
하기 시작한다. 생명체는
일정한 본질을 구현 받은,

라마르크 (Jean-Baptiste Lamarck, 1744~
1829)

그리고 본질들의 위계 내에서 한 자리를 부여받은 존재가
아니다. 그것은 무기물과 단적으로 구분되는 유기물, 그럼
에도 무기물의 세계와 끝없이 상호 작용을 주고받는(이로
부터 라마르크의 '환경' 개념이 등장한다), 간단^{間斷} 없는
삶과 죽음의 생성 위에서 존립하는(비샤$^{Marie F. X. Bicha}$는
생명을 "죽음에 저항하는 기능들의 총체"라 했다) 존재가
된다. 물리학의 경우 19세기가 되어서야 '고전역학에서 열
역학으로'의 거대한 변환이 이루어졌으나, 생물학에서는
그에 해당하는 변환이 이미 오래전에 성립했던 것이다(생
물학이 자신의 정체성을 바로 이 시대에 확보하게 되었다
는 사실은 시사적이다). 이 변화는 우리의 주제에 관련해
서도 핵심적이다. 개체들은 아프리오리한 표의 안정된 한

자리(본질)를 차지하는 존재가 더 이상 아니다. 개체들은 환경과의 관계, 시간이 가져오는 생성, 죽음과 삶의 투쟁, ······ 등의 한가운데에 존재하는 **역동적인** 존재로 화한다. 개체들은 **열린 관계들로** 해방되어 움직이기 시작했다. (본격적인 의미에서의) 진화론의 시대가 온 것이다. 이 점은 개체의 인식에 있어 중요한 진전이며, 우리는 그 함축을 이 글의 후반부에서 논할 것이다.

미시적 환원주의의 맥락들

그러나 개체들이 자신들을 포함하는 큰 개체들(보편자들)로부터 해방된 지 얼마 지나지 않아, 이번에는 그들보다 작은 개체들이 그들을 빨아들이기 시작했다. 생물학에 있어서도 마이크로가 매크로를 환원시키는 경향이 주도적이 된 것이다. 기계론에서 해방됨으로써 이루어진 생명세계의 고유성과 생명체의 독특성에 대한 인식은 시간이 흐르면서 점차 물리-화학적 환원주의에 덮이게 된다. 일단 세포의 발견이라는 하나의 결정적인 문턱을 넘어서자 생물학은 급속히 비상하기 시작했다.[8] '마이크로'에 대한 근

---

8. 개체에서 세포로 가는 길에는 조직(tissue)에 대한 탐구가 있었다. 비샤가 적절히 말했듯이, 생물학에서의 조직들은 화학에서의 원소들과도 같다. 거시적인 이질성이 미시적인 화학적 원소들에 의해 간명하게 해명되듯이, 조직의 발견은 기관들과 기능들의 복잡함을 보다 심층적인 차원에서

대적 열정이 불붙기 시작했다. 고도의 실험적 방법들, 현미경을 비롯한 기구들, 새로운 이론적 관점들이 쏟아져 나왔다. 이 흐름 속에서 개체들은 이번에는 마이크로 차원으로 환원되기에 이른다.

세포의 발견은 몇 가지 중요한 결과를 가져왔다. 첫째, 동물과 식물에서, 나중에는 미생물이나 단성생식을 하는

간명하게 이해할 수 있게 해 주었다. 조직은 해부학이라는 행위/담론이 추적해 내려갈 수 있었던 마지막 항이었다. 조직과 더불어 막(膜)이 행하는 결정적인 역할들도 밝혀지게 된다. 막은 한편으로 신체의 부분들을 구분해 주면서 다른 한편으로 (그렇게 구분된) 부분들이 특정한 방식으로 관계 맺을 수 있도록 해 주는 이중적 역할을 한다. 조직 및 막의 발견과 더불어 '조직화의 도안'은 새로운 의미를 띠게 된다. 그러나 조직과 막의 발견보다 더 결정적인 것은 세포의 발견이었다. 조직이 세포에게 '생명체의 원자'의 자리를 내주게 된다.
로버트 훅은 그가 코르크 등에서 발견한 미세한 방들을 '세포'라고 불렀다. 그러나 그것의 의미가 밝혀진 것은 한참 후가 지나서였다. 로버트 훅 등은 세포를 보았지만 슐라이덴과 슈반은 그것을 읽었다. 물론 이들 이전에도 생물학에 원자론적 사고를 도입하려는 시도들은 일찍부터 있었다. 18세기 유기화학의 성립과 더불어 생명체들을 구성하는 입자들에 대한 사변이 이어졌다. 모페르튀와 뷔퐁은 오늘날의 분자생물학을 연상시키는 상당 수준의 이론을 전개하기도 했다. 그러나 이 입자들이 비생명체들의 입자들과 근본적으로 다른 것으로 이해되지는 않았다. 세포의 진정한 의미를 이해하면서 생물학은 비로소 그 자신의 입자들을 가지게 되었다. 세포는 물리-화학적 분자들, 원자들과 근본적으로 다르다. 첫째, 그것은 그 자체가 하나의 작은 생명체이다. 비생명체가 모였다고 해서 생명체가 나오지는 않는다. 둘째, 세포들의 집합이 생명체를 이루는 것은 물리-화학적 입자들이 물체를 이루는 것과는 크게 다른 수준의 통합('유기적 통합')을 요구한다. 물체를 양분해도 그 성질은 변하지 않는다. 생명체를 양분하면 그 생명체는 죽는다.

현미경으로 본 세포

동물들, 포자, …… 등에서 공통으로 세포가 발견됨으로써
생명계 전체를 이해할 수 있는 보편적 근거가 마련되었다.
단적으로 말해, 모든 생명체는 세포로 되어 있다. 생명과
비생명 사이에 날카로운 구분선이 그어졌다(훗날 세포가
더 작은 단위들로 쪼개져 이해되기 시작했다 해도, 오늘날
생물리학이나 생화학에 의해 생명체가 연구되고 있다고
해도, 분자, 원자, …… 가 아닌 세포라는 단위가 생명체와
비-생명체를 가르는 기준이라는 것은 여전히 유효하다).
세포 연구의 결과들은 생명계의 다양한 측면들로 파급된
다. 그 결과 비로소 생명계 전체에 대한 포괄적인 이론이

가능하게 되었다. 그러나 생물학에서의 이런 '거대 서사'가 등장하면서 개체들은 다시 환원의 위기에 처하게 된다. 개체들의 경계선은 세포들의 경계선들에 비하면 피상적인 것들로 격하된다. 개체들의 독특성singularity은 세포들의 보편성이라는 바다로 용해되어 들어간다.

둘째, 세포는 단순히 개체를 구성하는 단위들이 아니다. 세포는 그 자체가 하나의 생명체이다(그래서 생명체는 일종의 프락탈적 존재가 된다). 물론 세포들은 개체의 통합성을 전제한다. 개체의 통합성을 전제하지 않는다면, 그 부분들의 어떤 행동도 이해할 수 없는 것이 된다. 그럼에도 세포 하나하나가 독자적 경계들을 형성하고 있다는 점은 부정할 수 없다(이로부터 다시 한 번 막의 중요성이 확인된다. 막의 존재가 없다면 독자성을 가진 세포들이 어떻게 완벽한 통일성을 갖춘 개체들의 부분이 되는지를 이해할 수 없겠기에 말이다). 이 사실은 생명체를 원자론적으로 보려는 모든 시도들을 거부했던 생기론을 무너뜨리게 된다. 개체의 통일성 못지않게 세포들의 독자성이 분명하게 드러났기 때문이다. 이로써 '조직화의 도안' 개념이 또 다른 함축을 얻게 되었다. 19세기적 생기론에 의해 밑받침되었던 이 개념은 이제 세포들을 전제하는 개념으로 화한다. 이런 흐름 속에서 개체의 존재론적 위상은 다시 소멸

될 위기에 처한다. 그 극한은 개체를 그저 **세포들의 군체**群體 정도로 보려는 또 하나의 환원주의이다.

셋째, 세포의 발견은 생식의 설명에 거대한 변화를 가져왔다. 생명체의 가장 일차적 본질은 생식에 있다. 따라서 세포의 발견은 생명의 본질에 한걸음 더 다가갈 수 있는 교두보를 마련해 주었다. 예전부터 늘 논쟁의 대상이 되어 온 정자와 난자의 역할이 세포 개념의 등장과 더불어 분명해졌다. 이제 생식이란 기본적으로 세포의 분열(원생동물의 경우), 정자-세포와 난자-세포의 결합, 결합된 난세포卵細胞의 차생/분화, …… 같은 메커니즘들을 통해 이해된다. 폰 바에르Karl Ernst von Baer를 비롯한 인물들은 이런 과정들을 세밀하게 파헤쳤으며, 이로써 전성설前成說, preformation은 적어도 기존의 형태로서는 몰락하게 된다.[9] 이런 연구들을 통해 이제 생명체의 미시적 메커니즘들과

---

9. 얼핏 생각되는 바와는 달리 전성설은 자연발생설과 양립하지 않는다. 오히려 데카르트적 기계론에 입각했던 반교회파들이 자연발생과 이종발생(異種發生)을 주장했다. 교회의 입장에 섰던 사람들은 자연발생을 부정하고 전성설을 주장했던 것이다(그래서 자연발생설은, 흔히 생각하는 바와 반대로, 서구 담론사에서 중세적 권위를 무너뜨리고 급진적 사유를 전개하는 데 매우 중요한 역할을 했다고 해야 한다). 후에 후성설은 진화론과 결부된다. 그러나 분자생물학은 적어도 일견 전성설을 함축하는 것으로 보이지 않는가? 논쟁은 아직 종식되지 않은 것으로 보인다. 그러나 전성설이든 후성설이든 기존의 형태로는 곤란하며, 논의의 핵심은 전성과 후성의 정확한 분기점을 둘러싸고 이루어져야 할 것이다.

표면적 형질들 사이의 관련성이 보다 밀접하게 파악되기에 이르렀다. 유전형과 표현형이 보다 긴밀하게 연결되기 시작한 것이다[10](더불어 비정상적인 표현형들, 즉 '기형들'의 형성 메커니즘 또한 세밀하게 밝혀지기 시작한다). 이 모든 연구들은 결국 하나의 생명체는 하나의 세포로부터 나온다는 것, 요컨대 비르코프의 말처럼 세포가 세포를 낳는다는 것("omnis cellula e cellula")을 확립했다. 이 과정을 통해서 개체들의 위상은 또 한 번 추락하게 된다. 개체들은 **생명-전체**의 긴 실타래로 녹아버리게 된 것이다.

하지만 이 경우는 좀 달랐다. 생명-전체의 긴 실타래가 발견된 것과 맞물려 동시에 **특정 개체들의 고유한 실타래**의 의미 또한 발견되었기 때문이다.[11] 어떤 의미에서는 서

---

10. 그러나 두 형의 관계는 일방향적으로 이해되었다. 바이스만이 체세포와 생식세포를 구분하고 표현형과 유전형 사이에 '방벽'을 세운 후(표현형은 유전형에 영향을 끼치지 않는다. 라마르크주의에 대한 논박), 이런 일방향적인 인과관계는 공리가 되었고 DNA(바이스만이 '생식질'이라 불렀던 것)의 발견을 통해 공고화되었다("체세포 단백질의 성질들의 어떤 정보도 DNA의 핵산에 이전되지 않는다"). 이런 생각에 대한 반론이 제기된 것은 최근의 일이다. 바이스만의 영향과 그 한계에 대한 좋은 논의로 케이트 안젤 피어슨, 『싹트는 생명』(이정우 옮김, 산해, 2005)을 보라.
11. 발생 과정의 해명을 통해서 이제 '조직화의 도안'은 '발생의 도안'에 자리를 내주게 된다. 비교해부학을 주도했고 18세기 말, 19세기 초 생물학의 확립에 결정적인 역할을 했던 조직화의 도안은 이제 고도로 복잡한, 신비하기까지 한 발생 과정을 지배하는 정교한 도안을 통해서 정초된다. 이 도안을 파헤치는 것이 이후 생물학사의 핵심 갈래가 된다. 1830년대에 세포 이론이 등장했고, 1870년대에는 발달된 현미경을 통해 세포핵이 관찰되

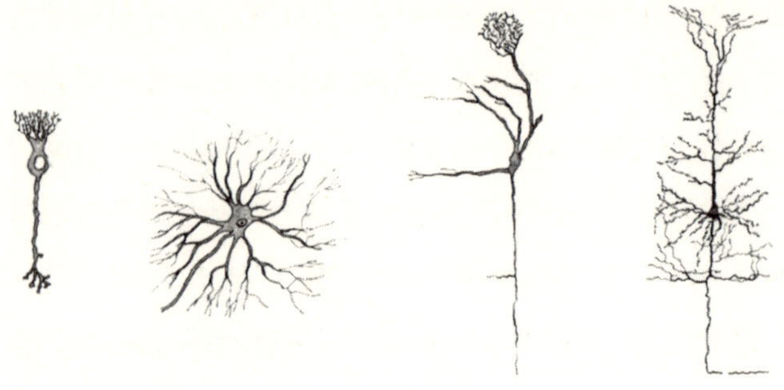

여러 가지 신경세포. 왼쪽부터 망막의 양극성 신경절세포, 척수의 운동뉴런 세포체, 코의 승모(僧帽)세포, 포유동물 뇌피질의 각뿔세포

로 엉켰던 실타래들이 각각으로 풀린 것과도 같았다. 멘델 유전학에서의 '불연속의 법칙'은 이 점을 선명하게 보여준다(물론 진화론과 분자생물학의 발달은 이 실타래들의 얽힘을 더 정교하게 파악하게 되지만). 그러나 우리의 맥락에서 볼 때, 이 과정이 개체의 존재론을 명료화해 준 것은 아니다. 여전히 개체는 어떤 긴(길고도 긴!) 실타래의 한

었다. 1880년대에는 생식세포와 체세포의 차이가 드러나기 시작했다(19세기 말에 바이스만이 "유전의 본질은 핵 내의 특수한 분자 구조를 가진 물질의 이전(移傳)이다"라고 했을 때, 현대 생물학의 기본 정향은 이미 성립했다고 볼 수 있다). 1930년대가 되면 현대적인 형태의 생물학이 모습을 갖추게 되고(이 때 다윈의 진화론과 멘델의 유전학을 결합시킨 '통합설' 또는 '신다윈주의'가 생물학의 주류로 성립해 오늘날에 이르고 있다), 1950년대에 DNA가 발견되면서 오늘날의 분자생물학이 성립하게 된다. 이 과정의 의미 또한 이중적이다. 조직화의 도안이 생명-전체의 근본 특성을 보여준 동시에, 특정 생명체들-개체들의 존립 기반을 보다 분명히 해 주었기 때문이다.

국면 — 헤겔 식으로 말해 '계기' — 일 뿐이기 때문이다. 이런 맥락에서 중요한 것은 바로 체세포와 생식세포의 구분이다. 생명의 알맹이는 생식세포(난자와 정자)이다. 체세포는 거칠게/단적으로 말하면(도킨스 같은 인물은 아주 진지하게 말하지만) 생식세포의 그릇일 뿐이다. 다시 한 번, 개체는 자신의 실타래를 찾은 대신, 그 실타래 속으로 와해되어 들어갈 운명에 처한다.

우리 문제의 현대적인 형태는 이 시점에서 구체화되었다 : 생식세포 중심의 **생물학적 지식**과 개체의 **독자적인 위상**에 대한 현실적 경험을 어떻게 화해시킬 것인가? 우리의 삶을 구성하는 것은 개체들이다. 철수, 미치코, 앙드레, …… 같은 인간들, 뽀삐, 야옹이, …… 같은 동물들, 뜰에 핀 꽃들, 마당의 나무들, 뒤뜰의 벌레들, …… 이 모든 것들은 개체들이고, 우리의 삶의 주인공은 개체들이다. 이제 두 시각이 첨예하게 대립한다. 생명의 연속성, 생식세포의 중요성에 비하면 개체란 한순간 생식세포를 보호하고 다른 개체로 그것을 넘겨주는 용기容器에 불과하다는 생각에 맞서, 한 개체의 주체성, 자아(의식), 사회성, 환원 불가능성 등을 강조하는 다른 생각이 제시되었다. 바이스만주의냐 실존주의냐. 물론 그 사이에서 우리는 베르그손을 비롯한 숱한 형태의 생명철학들을 만나게 된다.

여기에서 미시적 환원주의와 그 적대자들 사이의 긴 투쟁을 그릴 수는 없다. 오늘날의 맥락에서 제기되는 이 환원주의의 핵심과 비판의 요점들만 논하려 한다.

발생 메커니즘의 해명은 중요한 결과를 낳았다. 폰 바에르가 밝혀낸 바에 따르면, 모든 동물들은 처음에는 같은 길을 가다가 일정한 단계에 도달하면 하나는 멈추고 나머지는 좀 더 분화된다. 즉, 발생의 과정에서 각 동물들의 분화 정도가 갈라진다. 따라서 발생이라는 시간적 과정은 종·유를 비롯한 공간적 구조의 지표가 된다. 더 나아가 이 공간적 구조는 다시 시간적 과정, 그러나 이번에는 거시적인 시간적 과정에 연결된다. 개체발생의 과정은 계통발생의 과정 — 진화 — 에 연결되는 것이다. 세포 수준에서의 발생 과정의 연구는 이렇게 생명계 전체의 거시적인 시공간적 구조에 빛을 던져주게 된다. 학문에 있어 '발전했다'고 말할 수 있는 경우들 중 하나는 떨어져서 연구되던 상이한 영역들이 이렇게 그 숨겨진 연관성을 드러낼 때이다. 세포 연구는 이와 같이 생물학의 다양한 분야들을 통합해 주었다. 세포의 보편성은 그 구조의 보편성에 기반한다. 모든 세포는 원형질과 핵으로 구성되어 있다. 원형질의 연구는 생명체의 신체를 이해하는 데 도움을 주었고, 핵의 연

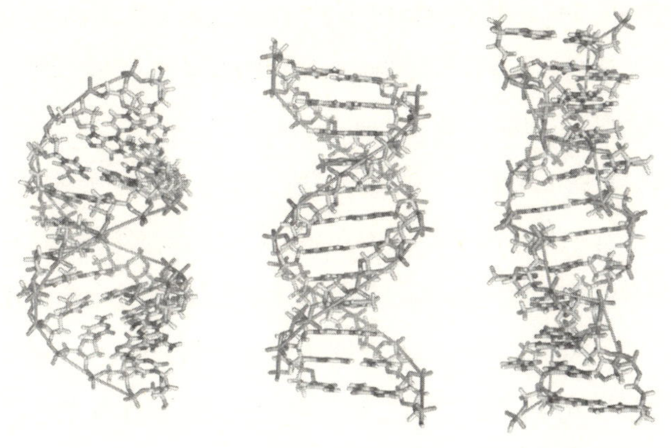

구는 생식의 이해에 도움을 주었다. 지난 세기를 추동해 온 생물학적 열정은 생식의 연구였다 하겠다. 그러나 이러한 흐름의 보다 본격적인/현대적인 형태는 염색체와 유전자, DNA와 게놈 같은 개념들을 둘러싸고 전개되었다.

분자생물학적 지식들은 오늘날 어느 정도까지는 '상식'이 되었다. 교과서적인 내용이긴 하지만 일단 간단히 정리하고서 넘어가자. 한 생명체의 무수한 세포들(인간의 경우 약 60조 개) 각각의 핵은 모두 그 생명체의 설계도를 포함하고 있다. 설계도의 존재가 강아지가 강아지를 낳고 코끼리가 코끼리를 낳는 생명의 질서를 보장해 준다. 이 설계도는 (예컨대 인간의 경우) 46개의 염색체에 나뉘어 존재한다. 그러나 같은 염색체가 2개씩 쌍으로 있기 때문에 질적으로는 23종류의 염색체(정확히는 24종류)가 존재하는 셈이다. 그러나 생식세포의 염색체는 그 절반인 23개이다(체세포와 똑같다면 세대가 내려가면서 인간의 염색체수는 2의 거듭제곱으로 늘어날 것이다). 이 23개의 염색체가 자식에게 전달된다. 자식은 부에게서 23개, 모에게서 23개의 염색체를 받기에 그 염색체수는 46개가 되지만, 그의 생식세포는 다시 그 절반인 23개가 된다. 두 개의 쌍으로 이루어진 전체가 반분半分되고, 그렇게 반분된 두 절반이 만나 다시 전체가 회복된다. 내용상 차이가 있지만, 이 논리적 패턴은 DNA 복제 시 그대로 다시 등장한다.[12] 〈두 존재〉→〈각 존재의 반분〉→〈반분된 두 반쪽의 결합을 통한 새로운 존재의 탄생〉→〈반분되었던 반쪽들의 결합을 통한 본래 전체의 복원〉. 이 흥미로운 논리가 생명의 세계를 지배하고 있다.

22쌍의 염색체(큰 순서대로 번호를 붙여 구분한다)는 '상염색체'로서 각각의 염색체는 신체 각 부위들에 대한 유

---

12. 면역학에서도 또한 이와 유사한 논리 ― 이 경우는 전체와 그 절반의 관계가 아니라 동일자와 타자의 관계이지만 ― 를 만날 수 있다(다다 토미오, 『면역의 의미론』, 황상익 옮김, 한울, 2010). 상이한 영역들과 층위들에서 유사한 논리가 반복되고 있다. 이 논리는 생명의 본질적 논리, 적어도 그들 중 하나인 것으로 보인다.

전정보를 담고 있다. 23번째 염색체 두 개는 '성염색체'로서 남성의 경우와 여성의 경우가 다르다(따라서 22쌍의 상염색체와 두 개의 성염색체, 즉 24종류의 염색체가 한 개체를 정의한다). 여성의 경우 X와 X로 이름 붙여진 똑같은 염색체 두 개가, 남성의 경우 X와 Y로 이름 붙여진 염색체 두 개가 성염색체이다. 여성은 두 X 중 하나를 자식에게 전달하고, 남성은 X와 Y 중 하나를 자식에게 전달한다(모의 X와 부의 X를 받은 자식은 여성이 되고, 모의 X와 부의 Y를 받은 자식은 남성이 된다). 따라서 자식의 성은 부에 의해 결정된다. (이 경우는 성의 경우이지만) 논의를 일반화해 말한다면, 이 메커니즘의 발견은 하나의 개체=생명체의 **동일성**을 보장해 주는 것이 바로 염색체들의 **조합**이라는 사실, 그리고 이런 동일성을 후대에도 보장해 주는 것 역시 염색체들의 보존에 있다는 사실을 함축한다. 이로써 개체는, 적어도 그 여러 핵심 속성들은 그 하위 요소들의 조합의 결과/효과라는 관점이 따라 나온다.

염색체들 안에는 유전자들이 존재한다. 유전자 개념은 멘델의 실험에서 분명히 볼 수 있다. 둥근 완두콩(AA)과 주름진 완두콩(aa)의 교배는 Aa의 형질을 가진 완두콩들을 낳는다. 유전자형은 Aa이지만 표현형은 둥글다. 우성 유전자(A)가 열성 유전자(a)를 누르고 표면에 나타나기 때

빌헬름 요한젠 (Wilhelm Johannsen, 1857~1927)

문이다(여기에서 '우수'와 '열등'은 인간적 가치평가와는 상관없이 발현되느냐 은폐되느냐에 따라 붙여진다). 이것들을 다시 교배하면 유전자형의 분포는 AA, Aa, aA, aa가 된다. 표현형에 있어 세 개는 둥글고 하나는 주름진 완두콩이 나온다. 이 연구에서 분명한 것은 어떤 형질(형태, 색깔, ……)을 지배하는 어떤 유전적 '요인들'(멘델)의 존재이다. '둥긂'을 지배하는 요인과 '주름짐'을 지배하는 요인이 각각의 동일성에 따라 분명히 변별적으로 존재하다는 사실이 중요하다. 즉 요인들 사이의 불연속이 유전 메커니즘의 핵심이다. 요인들이 마구 뒤섞인다면 유전 연구는 불가능할 것이다. 이렇게 다른 요인들과 분명히 구분되는, 불연속을 이루는 동일성을 갖춘(그래서 '자[子]'를 붙일 수 있는) 유전 요인 하나하나에 빌헬름 요한젠은 '유전자'遺傳子라는 이름을 붙였다. 유전자의 존재야말로 유전 현상을 체계적으로 연구할 수 있게 해 주는 생명의 질서를 상징한다.

염색체와 유전자의 연구는 생명을 지배하는 보편 문법

에 한걸음 다가선 성과이다. 그러나 역설적으로 바로 그 성과로부터 생명체의 **다양성**을 이해할 수 있는 열쇠가 발견되었다. 감수분열시 염색체는 두 배로 늘어난다. 그러나 이때 유전자의 교차가 발생한다. 즉, 똑같은 염색체 두 개가 아니라 서로의 유전자를 살짝 교환한 염색체 두 개가 발생한다. 이 과정을 통해서 유전자가 뒤섞이며 따라서 상이한 후손들이 태어난다. 더구나 이런 뒤섞임은 철저하게 무작위적으로 발생하기 때문에 예측 불가능한 우발성을 보여준다. 똑같은 부모의 염색체, 유전자를 이어받았으면서도 똑같이 생긴 형제들이 없는 것은 이 때문이다. 자연은 한편으로 놀랍도록 규칙적인 보편성, 수학적인 질서를 드러냈지만, 그와 동시에 무한히 다양한 생명체들이 탄생할 수 있는 메커니즘 또한 드러냈다. 마치 생명의 밋밋함, 동일성의 지속은 곧 생명체의 절멸을 뜻할 수도 있음을 예감이라도 한 것처럼. 생명체의 다양함은 생명체의 존속 자체의 조건이다.[13] 이제 생물학은 두 가지 대조적이면서도 상보적인 방향을 띠게 된다. 생명의 미시적 보편 문법에

---

13. 더 근본적으로, 도대체 '동일성'의 지속 자체가 영원한 삶을 의미하는 것일까 아니면 영원한 죽음을 의미하는 것일까? 아무런 변화도 겪지 않는 순수 동일성이 영원히 지속된다면, 그것은 영원히 산다는 것인가 아니면 영원히 죽어 있다는 것인가? 바로 이 얄궂은 문제가 플라톤으로 하여금 그의 이데아 개념을 (거기에 '생명'을 부여해서) 변형시키지 않을 수 없었던 까닭이다.

대한 물리-화학적 탐구와 다채롭기 이를 데 없는 생명체
들에 대한 박물학적 탐구.[14]

　유전자의 존재는 생물학에서 극히 중요하다. 유전자는
단지 물질인 것만이 아니다. 나아가 에네르기인 것만도 아
니다. 그것은 무엇인가를 '의미'하는 존재이다. 그것은, 거
칠게 말한다면, "눈을 푸르게 하라", "머리카락을 곱슬머리
로 하라" 같은 어떤 명령의 개념을 함축한다. 생'명'命이라
는 말의 뉘앙스는 이제 유전자 개념과 오버랩 된다. 이 생
물학적 의미를 '정보'라 부름으로써 이제 컴퓨터를 중심으
로 하는 정보과학과 유전자를 중심으로 하는 생명과학이
만나게 된다.[15] 이제 생명체는 '프로그램'의 개념을 통해
이해된다. 과거와는 전혀 다른 생명관이 도래한 것이다.

---

14. 나카무라 게이코는 이 새로운 박물학을 '생명지'(生命誌)라 일컬으면서
　　이렇게 말한다. "과학이 보편, 분석, 환원, 객관, 논리를 종지로 한다면, 그
　　것에 다양, 전체, 주관, 직관, 관계, 역사성 등을 부가한 것으로서 '誌'가 필
　　요하다." 다음을 보라. 中村桂子, 『自己創出する生命』, 哲學書房, 1993.

15. 'Cyberorganism' 즉 '사이보그' 개념이 이로부터 성립한다. 생명체는 정
　　보의 집적체로 이해된다. 따라서 컴퓨터를 이용한 사이보그의 제작, (〈공
　　각기동대〉의 기본 가설인) 사이보그와 컴퓨터의 직접 접속, …… 과 같은
　　새로운 유형의 사유들이 등장하게 된다. 물론 이것은 생명체라는 다면적
　　존재를 어떤 한 면으로 극단적으로 밀어붙여 이해한 결과이다. 그러나 이
　　런 식의 직관들이 우리 시대의 '문화적 코드들' 중 하나임은 분명하다. 이
　　런 코드에 있어, 이제 개체는 정보의 바다에서 일정한 정보들이 마름질됨
　　으로써 성립한 '모나드'로서 이해된다(이 문제는 이정우, 『기술과 운명』,
　　한길사, 2001의 「공각기동대」 부분에서 다루었다).

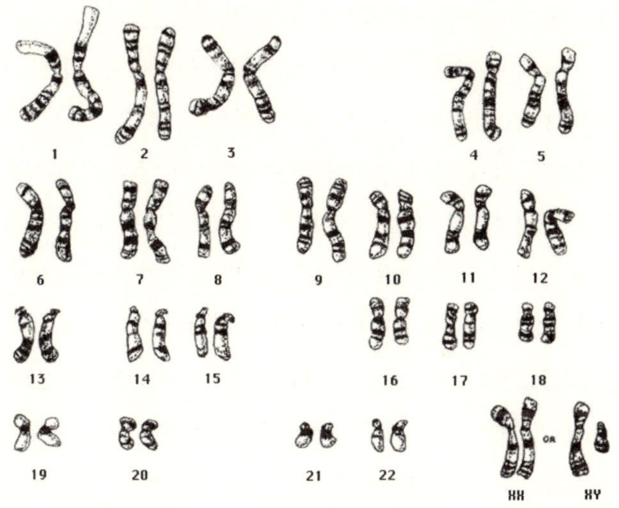

인간의 염색체

그러나 유전자의 보다 정교한 메커니즘이 해명되려면 DNA가 발견되어야 했다.

유전자는 일정한 의미=정보를 함축하는 물질이다. 유전자는 어떻게 '정보'를 나르는가? 두 가지 생각이 가능하다. 1) 유전자라는 물질에는 정보라는 또 다른 존재가 깃들어 있다. 2) 유전자를 구성하는 물질의 일정한 운동 자체가 정보이다. DNA의 발견은 후자의 손을 들어주었다 (그러나 전자의 명제가 함축하는 바가 소멸되지는 않는다). 우리는 DNA와 유전자의 관계에서 생명세계를 이해할 기본적인 존재론적 구도를 읽어낼 수 있다.

DNA(디옥시리보핵산)는 생명체를 구성하는 '실체=물질'이다. 염색체를 파내려 가면 선형의 DNA가 마치 긴 실타래가 둥글게 말려 있듯이 복잡하게 꼬여 있음을 발견할 수 있다. DNA의 개념은 계속 논의되어 왔으나 1953년 왓슨과 클릭이 그 구체적 형태를 발견함으로써 하나의 획을 긋게 되었다. DNA는 인산(燐酸)과 데옥시리보스가 길게 축을 이루고 그 축에 네 종류의 염기 — 아데닌(A), 구아닌(G), 시토신(C), 티민(T) — 가 몸에서 팔을 내밀듯이 붙어 있는 구조 두 개가 새끼를 꼴 때처럼 이중 나선을 형성한 것이다. 축은 일정한 상항(常項)을 형성하기 때문에 유전의 열쇠를 쥐고 있는 것은 염기들이다(나선의 한 바퀴가 3.4나노미터인데, 한 세포의 DNA를 길게 늘이면 2미터에 달하니, 선형이 얼마나 길게 계속되는지 알 수 있다). 염기들은 수소결합을 하고 있기 때문에 쉽게 붙고 또 떨어진다. 결합의 이런 성격이 DNA 복제 과정을 원활하게 해 준다. 아데닌은 반드시 티민과, 구아닌은 반드시 시토신과 결합한다. 따라서 한 축의 염기가 정해지면 다른 축의 염기는 자동적으로 정해진다. 이런 질서가 복제를 가능하게 한다.

DNA는 단백질을 합성함으로써 생명체를 구축하고,[16]

---

16. 단백질 합성은 RNA(리보핵산)의 도움을 받아 이루어진다. mRNA(메신

또 스스로 복제됨으로써 자손을 낳을 수 있게 한다. 체세포 분열의 경우, 이중나선이 풀어지면서 각각의 축이 분리되고, 분리된 두 개의 축에 그것과 상보적인 다른 두 개의 축이 형성된다. 이 과정을 통해 염색체가 복제되고 거시적으로는 세포가 분열하게 된다. 생식세포 분열의 경우 감수분열이 이루어진다. 염색체는 절반으로 나누어지고, 나누어진 남성의 염색체와 여성의 염색체가 만나 자손이 형성된다. 거시적으로 형성되는 이 논리는 미시적으로는 DNA의 똑같은 논리에 의해 뒷받침된다.

　DNA의 발견은 여러 가지 중요한 측면들을 함축한다. 첫째, 모든 생명체가 DNA 메커니즘에 입각해 활동한다는

저 RNA)는 DNA를 '전사'(轉寫)한다(이 때 DNA의 T=티민은 RNA의 경우에는 우라실=U로 바뀐다). 부조(浮彫)를 뜨듯이 mRNA는 DNA의 상보적 전사를 만들어낸다. 이 mRNA는 리보솜으로 가며, 거기에서 tRNA(트랜스퍼 RNA)에 의해 다시 전사된다. 두 번 전사되기 때문에 원래의 DNA의 정보가 그대로 재현된다. 이 과정은 소조(塑造)의 과정을 연상시킨다. 각각의 tRNA의 끝에는 아미노산이 붙어 있고, DNA가 전사됨에 따라 자연스럽게 아미노산이 합성된다. 이 때 세 개의 염기('코존')에 하나의 아미노산이 대응되어 합성된다(예컨대 GCU, GCC, GCA, GCG는 알라닌을 합성시키고, AAU, AAC는 아스파라긴을, GGU, GGC, GGA, GGG는 글리신을 합성한다. 하나의 아미노산을 합성하는 코존이 꼭 하나인 것은 아니다. 왜 꼭 세 개의 염기가 하나의 아미노산을 "의미하는지"는 아직 밝혀지지 않은 난해한 문제이다). 이 과정을 가리켜 유전정보가 단백질로 '번역'된다고 말한다. 20종류에 달하는 아미노산이 다양하게 조합됨으로써 여러 종류의 단백질이 합성된다(선형적으로 형성된 단백질은 계속 주름 접힘으로써 3차원의 신체를 만들어 나간다).

점이 밝혀짐으로써 세포의 수준에서 더 내려가 생명의 보편적 문법을 발견하게 되었다. 자크 모노가 말했듯이, "대장균에게서 참인 것은 코끼리에게서도 참이다." 둘째, DNA에서 RNA로 그리고 단백질로 가는, 마치 고속도로와도 같은 '센트럴 도그마' ― 정보의 흐름, 정보 전달의 경로 ― 가 발견됨으로써 생물학은 연역적 설명의 수준에 도달하게 되었고, '엄밀 과학'의 수준에 도달하게 되었다(그러나 센트럴 도그마는 어디까지나 '도그마'이다). 셋째, 생명세계가 언어적인 구조를 띠고 있다는 사실이 발견되면서(정보, 번역, '메신저'RNA 등등) 생명과학을 구조주의적으로 해석할 수 있게 되었다. 의미가 없는 DNA가 특정하게 배열됨으로써 일정한 의미를 함축하는 유전자로 화하는 것은 "의미란 그 자체로서는 의미가 없는 요소들의 조합에서 생겨난다"는 레비-스트로스의 말을 상기케 한다. 그리고 이런 과정은 정보과학, 시스템공학, 인공지능 등등과 맞물리면서 세계 전체를 정보로서 해석하려는 태도를 낳았다("태초에 비트가 있었다").

그러나 어느 하나를 알면 그로부터 모든 것을 연역할 수 있다는, '아르키메데스의 점'='아르케'를 찾았다는 (담론사에서 늘 되풀이되어 온) 이런 생각은 곧 무너지게 된다. 하나의 DNA는 그것을 포함하는 전체의 논리에 입각해서만 온전하게 이해된다는 생각이 대두하게 된다. 이것은 요소들을 전제하고 그 조합으로 현상을 설명했던 자연과학이 요소들은 체계/구조 내에서 그것들의 '차이의 놀이'를 통해서 의미를 부여받는다는 구조주의적 논리를 발견했음을 뜻한다. 대장균에 대해 안 것이 코끼리에 대해 안 것은 아니다. 이런 과정을 통해 '게놈'이라는 또 하나의 핵심적인 개념이 등장하게 된다. 상염색체 22개와 성염색체 2개로 구성된 24개의 염색체(의 DNA들)의 전체 '지도'를 그려야 인간 신체의 하나하나의 메커니즘들 또는 현상들의 의미를 읽어낼 수 있다는 것이 발견된 것이다. 이로부터 유전자 지도(=게놈)를 그리려는 시도가 1980년대 중반부터 이어져 오늘날에는 상당한 수준에 이르렀다. DNA와 게놈의 연구가 이제 생명체의 메커니즘들을 고도로 엄밀한 수준에서 해명할 수 있게 해 준 것이다.

게놈의 발견이 단지 DNA 또는 유전자의 집합을 발견한 것은 아니다. 거꾸로 게놈의 층위에서 볼 때 비로소 DNA나 유전자의 의미가 분명해진다. 그것은 마치 미토콘드리아, 리보솜, 세포핵 등등이 발견된 후에 비로소 세포라는 것이 발견된 상황에 비유할 수 있다. 미토콘드리아 등등이 세포보다 더 미시 층위를 형성하고 있음에도 생명체의 기본 단위를 세포로 보듯이, DNA나 유전자가 게놈

바이스만(August Weismann, 1834~ 1914)

보다 더 미시적인 단위를 형성하고는 있지만 오늘날 생명체를 분석하는 기본적인 단위는 게놈인 것이다.

바이스만은 "자연선택은 외관상 성인 유기체의 성질들에만 작용하는 것처럼 보인다. 그러나 사실 그것은 생식세포 속에 숨겨져 있는 배열들에 작용하는 것이다"라는 유명한 말을 남겼다(『유전에 관하여』). 자연선택의 대상은 무엇인가? 거꾸로 말해 진화의 주체는 무엇인가? 무엇이 진화하는 것인가? 종의 진화인가, 개체군의 진화인가, 아니면 개체들의 진화인가? 본질철학을 전제했던 고전 시대의 '진화론'은 종의 진화를 논했다. 우발성의 사유가 도래한 이래, 다윈은 개체군들에 대한 통계학적 사유를 통해서 진화를 논했다. 그러나 상식적으로 볼 때 죽고 사는 것은 개체들이다. 진화의 도정에서 살아남거나 소멸되는 주체들은 결국 개체들인 것이다. 그러나 바이스만에게 진화의 주체는 개체들의 성질이 아니라(개체들"의 성질"이라 한 점이 흥미롭다) "생식세포 속에 숨겨져 있는 배열들"이다. 바이스만이 이렇게 표현했던 것은 그 후 염색체로서, 유전자로서, DNA로서, 그리고 게놈으로서 밝혀지게 된다. 그래서 바이스만의 생각을 오늘날의 언어로 표현할 수 있다 : "진화의 주체는 염색체, 유전자, DNA, 게놈이다." 이 네 개념들 중 어느 것을 취하는가는 중요한 문제이다. 리처드 도킨스는 그 중 유전자를 취해서 "진화의 주체는 유전자"라고 말하는 대표적인 인물이다. 이런 생각의 흐름이 우리의 주적을 형성한다고 할 수 있다.

바이스만 식의 사유는, 그것이 인간이라는 존재를 예외로 하지 않는 한에서, 실존주의적 사유와 정확히 대척점에 있다. 실존주의는 그 어떤 것으로도 대체할 수 없는 개체성(더 정확히는 개인성), 결코 완벽하게 물상화物象化·'객관화'될 수 없는 주체성, 자연주의적으로 파악할 수 없는 의식의 초월성에 시선을 맞춘다. 그러나 이 주체성은 전통 철학이 뜻하는 비물질적 실체로서의 영혼이 아니다. 그것은 지향성을 가진 대자적對自的 존재이자, 오로지 행위 그 자체로서만 '실증'되는 비물체적인, 역동적인 존재(사르트르의 '무')이다. 바이스만의 사유가 생식세포의 항구적인 동일성(그러나 이 동일성은 후에 염색체, 유전자, '시스트론', DNA 등등으로 점차 미세화된다)에 기반한 플라톤적 본질주의(그러나 유물론적 본질주의!)를 보여준다면, 실존

플라톤과 아리스토텔레스(중앙의 두 명)

주의는 살아서 생활하는 대자적 존재로서의 인간의 고유
성에 기반한 행위의 철학이다. 두 종류의 사유는 오늘날
대척점에 서서 상이한 인간관을 보여준다. 그러나 우선 생
명과학 자체의 맥락에서 환원주의를 검토할 필요가 있다.
환원주의에는 여러 형태가 존재하며 획일화할 수 없다. 그
러나 여기에서는 개별 사상들 사이의 차이를 다루지는 않
을 것이며 인간을 자연으로 환원시키고자 하는 시도들이
만날 수밖에 없는 가장 기본적인 문제점들만을 지적할 것
이다.

첫째 인과의 문제가 있다. 현대 생물학에서의 인과는
입자들 사이에서 성립하는 운동인만이 아니라 그것과 구

분되는 독특한 인과를 포함한다. 그것은 '정보의 이전'이라는 인과이다. 정보의 이전은 물질들을 특정한 방식으로 조직하게 하는 '전언'의 이전이다. 전언은 센트럴 도그마를 통해서 일방향으로 번역되어 간다. 그러나 이 과정이 제대로 작동하려면 단백질 효소의 매개가 필수적이다. 그래서 닭이 먼저냐 달걀이 먼저냐 식의 문제가 등장한다. 현재의 우주 진화를 일단 받아들인다면 단백질 합성을 뒤에 놓아야 할 것이다. 그러나 이 때문에 일방향적 인과를 고집한다면 그것은 '발생적 오류'의 전형이 된다. 생명체 내의 많은 작용들은 상호작용들이다. DNA가 세포를 만들지만 DNA는 세포 내에서만 작동한다(박테리아 같은 특수한 경우도 있다). 또, 생명체에서의 반응은 일방향이 아니라 원형을 이룬다. '회로들'의 존재가 생명체를 특징짓는다. 생명체에 특징적인 인과는 순환적 인과인 것이다. DNA나 유전자를 설명의 출발점으로 놓는 것이 하나의 방법이 될 수 있다. 그러나 이것들을 아르키메데스의 점으로 삼는 것은 생명체의 특성을 파악하지 못한, 낡은 인과론, 낡은 실체주의에의 집착일 뿐이다.

구연산 회로, 오르니친 회로 등등 생명체 내에서의 화학반응들은 회로를 구성한다. 회로들의 존재가 한 생명체의 동일성을 구성한다. 생명체의 동일성이 특별히 유전자에게 있는 것은 아니다. 유전자가 우주의 진화에서 가장 오래 지속되어 온 존재라는 의미에서 그것을 생명체의 동일성(의 주체)으로 보는 것[17]은 단순한 사고의 산물이다. 생명체의 동일성의 핵심은 소멸하지 않고 오래 존속하는 데 있지 않다(만일 그렇게 볼 경우 왜 꼭 유전자인가? 그보다 더 하위 단위들이 더 오래 존속하지 않겠는가?). 생명체는 시간이 불러오는 차이생성에 단순 복종하지 않는 존재, 자신의 동일성을 변화시켜 끊임없이 **메타동일성**을 만들어가는 존재이다.[18] 생명의 동일성은 자기차이성différence avec soi을 내포하는 역동적 동일성이며, 시간 속에서의 동일성이 아니라 시간을 머금어가는 메타동일성이다. 생명체의 본질은 유전자나 또는 다른 어떤 물질들에 있는 것이 아니라 물질들의 새로운 조직화를 통해서 **새로운 동일성** ─ 시간이 도래시키는 차이들과 화해하는 동일성 ─ **을 만들어가는 능력** 자체에 있는 것이다. 이것이 '조직화의 도안'의 보다 심층적인=현대적인 의미이며 생명체의 '본질'을 이야기할 수 있는 유일한 방식이다. 존재론적 분절에 따라 상대적일 수

---

17. 예컨대 리처드 도킨스, 『이기적 유전자』, 홍영남 옮김, 을유문화사, 1976/1993, 63쪽 이하를 보라.

18. 이런 메타동일성은 대사와 순환에서만이 아니라 오토포이에시스, 면역, 유전, 발생, 진화 등 모든 측면에서 확인된다. 생명체에서의 (메타)동일성의 역할에 대해서는 池田清彦, 『生命の形式』, 哲學書房, 2002, 1장을 보라.

밖에 없는, 특정한 층위의 물질 조각을 생명의 본질로 보는 것은 오래전에 낡은 것이 되어버린 사고를 복권시키는 것에 불과하다.[19]

생명체는 물질로 되어 있지만 생명과학이 물질과학으로 환원되는 것은 아니다. 마찬가지로 인간과학은 생명과학으로 환원되지 않는다. 자콥은 "인간과 사회에 대한 연구가 생물학으로 환원될 수 없다 해도, 생물학이 물리학을 초월할 수 없듯이 인간과학도 생물학을 초월할 수는 없는 것"이라 했다.[20] 그러나 인간과학은 생물학을 초월했을 때에만 그리고 오직 그 때에만 성립한다. 물리과학과 생물과학 사이의 거리와 인간과학과 생물과학 사이의 거리는 한강의 폭과 태평양의 폭만큼이나 다르다. 자연과 문화 사이에는 의미라는 심연이 가로놓여 있는 것이다. 물리학과 생물학은 서로 많이 다르지만 자연을 다룬다. 그러나 인간과

---

19. 도킨스는 유전자야말로 지금까지 가장 오래 존속하는 데 '성공'한 존재이기 때문에 생명의 근원이라고 말한다. 그러나 생명체에서 '성공'이 과연 시간의 지속에 의해 평가되어야 하는가? 자식을 많이 남긴 인간이 위대한 업적을 남긴 인간보다 더 '성공'한 인생인가? 참으로 우스꽝스러운 생각 아닌가? 설사 생명체 일반에 대해 말한다 해도, 더 오래 생존해 온 곤충이 다른 동물들보다 더 '성공'했다고 말할 수 있는가? 관점에 따라서는, 생명계에서의 '성공'이란 차라리 더 고등한 동식물로서 새로운 차이를 만들어낼 수 있었을 때 성립하는 것이 아닐까? 얼마나 살았느냐와 어떻게 살았느냐, 어느 것이 '성공'의 기준일까?
20. 프랑수아 자콥, 『생명의 논리, 유전의 역사』, 이정우 옮김, 민음사, 1994, 465쪽.

학은 문화를 다룬다. 문화는 의미라는 문턱을 넘어 존재하는, 기호들의 논리에 의해 지배되는, 정신적 가치와 정치적 맥락에 의해 영위되는 영역이다. 인간은 왜 늙는가를 해명해 주는 메커니즘과 '노년'老年에 대해 이해하게 해 주는 의미는 전혀 다른 것이다. 특정 유전자의 꼬리가 짧아지는 메커니즘을 밝히는 행위와 키케로의 『노년에 관하여』를 읽는 것 사이에는 분명 어떤 연결고리가 있겠지만, 그 연결고리를 정확히 이해하기 위해서도 우선 그 분절의 관계를 정확히 이해해야 하는 것이다. 생명과학과 인간과학은 분리되어 있지도 않고 융합되어 있지도 않다. 분절되어 있을 뿐이다. 중요한 것은 인간의 두 차원을 분리하는 것도 어느 한 차원을 다른 한 차원으로 환원시키는 것도 아니다. 그 경계선을 정확히 이해해 전체상을 그리는 것이 중요하다.[21] 존재론적 층차와 그 총체적 관계를 분명히 하

---

21. 그러나 그 경계선을 날카롭게 고착시킬 필요는 없다. 생명차원은 문화차원에 이미 들어와 있고, 문화차원은 생명차원에 이미 들어가 있다. 문화의 차원은 생명차원과 구분됨에도 많은 부분 얽혀 있다(예컨대 사랑, 결혼, 섹스의 뒤얽힘). 문화차원, 즉 사유, 기호체계, 실험장치 등등은 물질세계 이해의 선험적 조건들을 형성한다. 우리가 자연에 대해 인식하는 것은 결국 우리의 문화를 가지고서 이해하는 것이다(인식론적 반성의 결여로 이 사실을 이해하지 못할 때 나이브한 객관주의에 빠지게 된다). 유물론적 일원론에 기반하면서도 지질적(地質的), 유전적, 언어적 '층들'(layers)이 얽히면서 만들어져 가는 역사에 대한 흥미로운 고찰에 관해서는 다음을 보라. Manuel de Landa, *A Thousand Years of Nonlinear History*, Swerve Editions, 2000. 그러나 마누엘 데 란다도 두 번째 층과 세 번째 층 사이의

는 것이 중요한 것이다.

유전자 환원주의의 문제점은 개체를 유전자의 '탈 것' 정도로 격하시킨다는 점에 있다. 그러나 유전자는 보다 큰 지도, 즉 게놈의 지도 안에서만 그 정확한 의미를 가진다. 한 책의 한 장이 책 전체의 논의 줄거리를 참조했을 때 분명한 의미를 가지는 것과 같다. 게놈은 한 개체의 생물학적 동일성이다. 유전자가 게놈의 요소를 이룬다는 것은 개체를 유전자로 해체할 수 없음을 보여준다. 한 개체를 구성하는 요소들은 유기적 전체를 이룬다(그러나 개체들은 유기적 전체를 이루지 않는다). 유기적 전체를 이룸으로써 열역학 제2 법칙에 대항하는 것, 여기에 생명의 본질이 있다. 다양한 '조절 단백질들'을 통한 전체의 유기성 유지가 생명체=개체의 동일성을 보장해 준다. 개체는 여러 방식으로 설명될 수 있고, 여러 방식의 분절들을 허용하지만, 그럼에도 개체의 유기성을 떠나 그런 분절들이 성립하는 것은 아니다. 유전자가 개체를 결정하는 것이 아니다. 개체 전체의 유기성을 전제할 때 유전자의 활동이 비로소 이해되는 것이다. 다른 분절들의 경우도 마찬가지이다.

그러나 더 본질적인 문제는 생명체의 본질을 생명체 내부의 구조/기능으로만 생각하는 방식 그 자체에 있다.

거리를 충분히 감안하지 않고 있다.

라이프니츠(Gottfried Leibniz, 1646~
1716)

생명체의 삶은 관계 속에 있
다. 모든 것이 관계를 통해
이루어진다. 하나의 생명체
는 가족, 지역, 먹이사슬, 지
리적-기상학적 환경을 비롯
한 무수한 타자들과 관계 맺
는다. 관계 속에 있지 않은
존재를 우리는 상상할 수 없
다. 하나의 개체는 관계 속에
서 변해 간다. 어떤 타자와 부딪치는가에 따라 삶은 변해
간다. 그러나 모든 관계는 근본적인 수준에서 **외부적이다**
(데이비드 흄의 천재적인 통찰의 핵심은 바로 이것이었
다). 모든 만남과 헤어짐은 우발적이다. 극히 넓은 견지에
서, 스토아적-스피노자적 견지에서 본다면 세계 자체는
내재적이다. 모든 만남과 헤어짐은 내재적 세계 안에서 벌
어진다. 그런 점에서 내면적이다. 그러나 개체의 수준에서
모든 부딪침은 외면적이다. 부딪침을 각 개체에 내면화할
경우 우리는 완벽하게 결정론적 세계를 그리게 된다. 라이
프니츠의 모나드론이 그렇다. 모든 개체들은 그 내부적 조
건들을 가지고 태어난다. 그러나 외부적 만남들을 통해 변
해 간다. 관계의 외부성은 유전자이든 다른 무엇이든 개체

내부의 규정성들을 초월한다. 물론 관계의 외부성 역시 일정한 규칙성 내에서 움직이기 마련이다. 그러나 거기에는 늘 우연과 일탈, 예측 불가능성이 끼어들기 마련이다. 생물학을 과도하게 확장하려는 시도들은 관계의 외부성을 진지하게 고려할 때 좌절하게 된다.

이것은 인간의 경우에는 더욱 그렇다. 인간의 만남과 헤어짐은 우발적이다. 그렇기에 아름답다. 관계의 외부성이 우리의 삶을 창조적으로 만든다. 물론 삶에서의 만남과 헤어짐은 외부적 규칙성들(관계를 내부화하는 규칙성들) 속에서 이루어진다. 같은 동네에 사는 아이들은 대개 같은 초등학교에서 만나게 된다. 우리의 삶은 코드화되어 있다. 그러나 첫째, 이 코드는 생물학적 코드가 아니다. 그것은 전혀 다른 차원의 코드, 문화적 코드, 정치-경제적 코드이다. 그것은 생물학적 논리와는 전혀 다른 논리를 통해 움직이는 **기호체제**이다. 둘째, 기호체제는 주어진 것이 아니라 만들어지는 것이다. 구조주의자들의 공헌은 우리 삶의 조건들, 기호체제들을 드러내 주었다는 점이지만, 그 한계는 그것들을 마치 자연과학의 법칙들과 같이 주어지는 것들로 인식하는 데 그쳤다는 것이다. 코드들은 권력과 욕망의 놀이에 의해 만들어지고 또 해체된다. 그것이 **역사**이다. 역사의 이해는 생물학이 아니라 역사학이 담당해야 할 몫이다. 셋째, 과학적 환원주의자들은 자연의 코드를 강조하지만 아이러니하게도 그 코드를 발견하기 위해 사용되는 개념들, 장치들, 이론들/가설들, 제도들 등은 인간이 만든 것들이라는 점이다. 코드를 발견하지만 그 발견의 조건들은 문화적인 것들이다. 스스로가 발견한 것으로 스스로를 환원시키는 것은 역운逆運 — 인식론적 역운 — 의 전형을 보여준다.

우리의 처음 문제로 돌아가서 결론을 내려 보자. 생명체는, 그 중에서도 특히 인간은 개체들이다. 특정한 얼굴을 가진 개체들이다. 과학은 보편적 법칙성으로 그 개체들을 환원시킨다. 그 결과 개체들은 얼굴을 상실한 채 형상의 구현체가 되고, 함수의 값이 되고, 그래프의 점이 되고, 구조의 요소가 된다. 그러나 우리의 삶을 구성하는 것은 고유명사를 가진 개체들이다. 개인들이다. 개인들을 보편성으로 환원시킬 때 인간의 얼굴은 사라지고 삶은 표백된다. 모노나 도킨스 같은 사람들은 세계에는 디자인도 목적도 선악도 없다고 했다. 그러나 인간세계에서는 모든 것이 디자인이고, 모든 것이 목적이고, 모든 것이 선악이다. 인간세계는 특정한 얼굴과 이름을 가진 사람들의 세계이다. 그러나 현실세계는 세계-전체(현실세계와 비가시 차원을 포함하는 궁극의 세계)의 한 면일 뿐이다. 그 면을 절대화하는 것은 소박한 현상학이다. 그래서 세계-전체의 심층에 대한 다양한 담론들이 펼쳐진다. 그러나 그렇게 발견된 것이 무엇이든, 현실세계를 그것으로 환원해야 하는 것은 아니다. 단지 현실세계와 그렇게 발견된 세계 사이에 존재하는, 또 존재해야 할 관계를 설정해야 할 뿐이다. 양자量子들의 세계와 현실세계, 세포들의 세계와 현실세계, 가상세계와 현실세계, 이데아세계와 현실세계, ……. 세계-전체의 새로운 면에 대한 인식은 그것이 현실세계와 적절한 관계를 맺을 때, 현실세계를 살아가는 개체들을 표백하는 것이 아니라 좀 더 잘 이해하는 담론으로서 기능할 때 비로소 의미를 가지는 것이다.

확장된 개체인 이-것haecceity과 이것-되기로서의 주체-화

생물학적 형태를 띠는 환원주의의 각종 형태들과 그 한계들을 짚어 보면서 개체의 환원 불가능성, 즉 박물학적 '표'의 한 이름-자리로도, 세포를 비롯한 물질적 하위 단위들로도 환원할 수 없는 소진-불가능성in-exhausted-ness을 강조했지만, 이것이 (상식적 의미에서의) 개체를 존재론적으로 특권화하는 것을 정당화해 주지는 못한다. 왜일까?

개체의 특권화 불가능성의 이유는 얄궂게도 개체의 환원 불가능성의 이유 자체 안에 함축되어 있다. 생물학사를 예로 해서 각종 형태의 환원주의를 비판하면서, 그 중요한 이유들 중 하나로 관계의 생성을 강조했었다. 그렇다면 어떤 결론이 나오는가? 모든 개체가 관계의 생성 속에서 움직인다는 것, 아니 사실 그러한 관계의 생성 자체가 그 개체를 가능케 한다는 것을 감안한다면, 개체의 실체화는 애초에 불가능하다는 것을 알 수 있다.

그러나 이는 우리를 논의의 원점으로 돌아가게 만든다. 개체가 다른 어떤 것으로도 환원될 수 없는 고유한 것인 동시에 관계의 운동을 통해 계속 열려 가는 존재이기도 하다면, 그 개체성이란 도대체 어떻게 이해되어야 하는 것인가? 개체는 자체에 갇혀 있는 것도 타자로 환원되는 것도 아니며, 다른 개체들과의 관계망을 형성함으로써 확장된 개체/개별성의 한 요소로서 존재한다. 그러나 이 '요소'라는 말은 개체가 확장된 개체의 부품일 뿐이라는 것을 의미하지 않는다. 확장된 개체는 개체들을 환원시키는 어떤 것이 아니다. 그렇기는커녕 자체를 구성하는 개체들을 떠나서는 존재할 수 없는 어떤 개별성이다. 결국 일차적/상식적 의미에서의 주체는 이차적/확장된/일반화된 개체에

속함으로써 개별성을 가질 수 있지만, 동시에 후자는 어디까지나 전자의 존재에 의존하는 개별성인 것이다. 이로써 우리는 우리가 처음 제시했던 테마로 되돌아가게 된다.

'singularity'와 'multiplicity'

이제 이 논의를 좀 더 상세히 전개하기 위해 우선 'singularity'와 'multiplicity' 개념 쌍을 생각해 보자.

'singularity' 개념의 양적 의미와 질적 의미를 구분하는 것이 논의의 출발점이다. 양적 의미로서의 개별성 즉 단일성은 철학사에서 줄곧 논의되어 왔으며, 사유의 역사에 등장한 대표적인 개념-뿌리들 중 하나이다. 그러나 하나라는 개념에는 마술과도 같은 힘이 깃들어 있다. 어떤 여럿이든 그것을 하나로 보는 한에서는 하나이기 때문이다. 최초의 철학자들이 궁극적인 하나를 찾았던 것, 파르메니데스가 '일자'로써 자연철학을 막아버렸던 것, 일신교적 사유들이 단 하나의 신으로 귀착하고자 했던 것 등등, 사유의 역사에 등장한 많은 국면들이 이 하나 개념의 마술과 연관되어 있다. 이로부터 하나들의 등급을 매기는 방식들이 개발되었다(플라톤이 확립한 '분절=articulation' 은 그 효시를 이룬다). 한 층위에서의 어떤 여럿이 하나가 되고, 이 하나와 (같은 층위에서의) 다른 여럿이 다시 상위 층위에서의 하나로 간주된다(이런 논리 없이는 거대한 조직, 예컨대 국가조직 같은 것은 성립할 수 없다). 하나와 여럿의 위계가 즉 일반성과 특수성의 위계가 사물 분절의 '상식적인' 형식으로 자리 잡게 되었다. 우리 삶의 도처에서 우리는 이런 위계들을 확인하며, 이런 위계 없이는 사회는 잠시라도 작동하지를 못한다.

특수성들의 가장 아래에 가장 특수한 것 즉 개체가 자리 잡고 있고, 일반성의 가장 위에 가장 일반적인 것 즉 보편성이 자리 잡고 있다. 물론 이 개별성과 보편성조차도 상대적이다. 개체들도 그 하위 단위들의 조직체가 아닌가? 보편성도 결국 인간이라는 종에서의 보편성이 아닌가? 어쨌든 특수성들과 일반성들은 누층적으로 "매개됨으로써만"(헤겔) 전체를 형성한다. 이런 구조에 있어 개체는 최하위 특수성(아리스토텔레스에게서의 'infimae species [최하위 종]'의 한 요소로서 이해된다. 요컨대 그것은 숱한 하나들 중에서 가장 작은 하나, 진정한 하나인 '단위'unit로서 존재한다. 이는 추상적인 하나, 수적 하나로서의 개체이다.

특수성들의 매개를 강조함으로써 유기적 전체의 사유를 전개한 근대 철학의 거장은 헤겔이다. 헤겔의 이런 사유체계에 반反해 개체의 개체성 즉 단독성 — 양적 단위로서

의 개체가 아니라 질적 독자성으로서의 'singularity' — 을 구하려
고 한 시도가 사상사를 꾸준히 관류해 내려왔다. 사실 그
러한 시도는 이미 칸트에게서 시작되었다. 칸트는 한 개인
이 '세계시민'이 됨으로써 보편성에 참여할 수 있다고 보았
다. 단독성을 구제하려는 이런 시도는 슈티르너, 키에르케
고르, 실존주의자들(특히 사르트르) 등에 의해 이어져 왔
다. 이런 흐름에 있어 'singularity'는 더 이상 추상적인 하
나, 수적 하나가 아니다. 그것을 질적 고유함으로써의 단
독성/단독자이다. 칸트에서 사르트르에 이르는 이런 사유
의 시도에서 우리는 개체를 자연적 틀(거시적인 계통학적
인 틀 또는 미시적인 분자생물학적인 틀)로도 또 사회적
틀(헤겔에게서 그 전형을 볼 수 있는 '특수성들의 누층적
매개'라는 틀)로도 환원시키지 않는 관점을 볼 수 있다.

  그러나 이제 논의할 'singularity' 개념은 이런 전통과
다르다. 여러 번 이야기했듯이, 중요한 것은 전통적인/상
식적인 개체/개인 개념으로의 회귀가 아니다. 우리의
'singularity'는 수적 단일성도 한 개인의 단독성도 아닌
'특이성'이다. 맥락에 따라 특이성은 '특이존재' 즉 이-것
일 수도 있고, '특이점'일 수도 있다. 후자는 우리의 맥락
에서의 개별성이고, 전자는 복잡계 과학과 연계되어 논
의되는 임계점이다(푸앵카레의 특이점 이론이 그 효시

앙리 푸앵카레(Henri Poincaré, 1854~1912)

이며, 훗날 르네 톰에 의해 계승되었다). 그렇다면 확장된 의미에서의 개별성으로서의 특이존재란 무엇일까?

특이존재로서의 개별성은 수적 단위도 단독적인 개인도 아니며, 타자들이 서로 접속해서 형성해 가는 여럿-하나이다. 그것은 본래 이질적으로 존재하는 것들이 상호 접속함으로써 형성되는 역동적이고(접속 과정과 분리되지 않는다는 점에서) 입체적인(이질적인 것들의 종합을 통한 창발을 내포한다는 점에서) 개별성이다. 새롭게 생겨나는 커뮤니티는 특이존재이다. 무기물과 유기물의 새로운 형태의 종합(예컨대 사이보그)도 특이존재이다. 같은 실체들로 구성되지만 기존의 상이한 배치들을 배합해서 만들어 내는 경우(건축에서 이런 예들을 볼 수 있다) 역시 특이존재이다. 극히 다양한 형태의 특이존재들을 생각할 수 있다. 자주 그렇듯이 삶은 개념보다 앞서 나아가고 있으며, 우리는 이미 특이존재들을 만들어가면서 살아가고 있다(사실 언제나 그렇게 살아 왔다). 특이존재는 특별한 개별성이며, 존재론적인 콜라주의 결과이다. 나아가 그것은 결국 '사건'으로서 성립한다. 특이존재의 성립은 그 자체 일종의 사건이기 때문이다. 이것은 개체이지만 단일성이 아니며(이미 독특한 복합체이므로) 또 단독자도 아니다(접속을 통해 늘 타자화를 겪어 나가는 역동적 존재이므로). 그것은 특이자이다. 이 특이자를 우리는 이-것 haecceity이라 부를 수 있다.[22]

특이존재의 가장 두드러진 특징은 'singularity=multiplicity'라는 이 마법과도 같은 공식에 있다. 이는 '단일성'에 있어서는 성립하지 않는다. 수적 단일성과 복수성(다양한 층위에서의 특수성들)의 동일성은 모순이다. 또, 이는 단독성에 있어서도 성립하지 않는다. 단독성은 개별자가 특수성 속의 한 요소일 뿐이게 되는 상황을 극복하기 위해 등장했다. 이 사유에서 'singularity=multiplicity'는 단독성의 소멸에 다름 아니다(앞에서 보았던 계통학적 표 속으로 용해되어버리는 개체들이 이런 경우이다). 그러나 특이성의 경우 이 공식은 핵심적인 역할을 한다. 특이존재는 이

---

22. 이 독자적인 의미에서의 개별성(확장된 개체)은 상식적인 의미에서의 개체/개인(기존의 개체)의 위상을 폄하하지는 않는다. 왜냐하면 이런 접속 과정에서 주도적인 역할을 하는 존재, 즉 여럿-하나의 핵 역할을 하는 것은 역시 상식적인 의미에서의 개체/개인이기 때문이다. 다양한 접속을 통해 확장된 개별자를 만들어가는 주체성은 역시 기존의 개체에게서 두드러지는 능력이기 때문이다.

질적인 것들의 접속을 통해 형성되는 '다양체'이다. 다양체는 여럿이지만 하나인 여럿 즉 잠재적 복수성virtual multiplicity이며, 수학적 다양체와 구분되는 질적 다양체이다. 결국 한 다양체는 하나의 특이존재이며, 한 특이존재는 하나의 다양체이다. 특이존재=다양체에게서 하나와 여럿 사이의 형식적 대립관계는 해소된다.

'singularity=multiplicity'라 할 때, 이 하나와 여럿의 통합체에서 기초적인 것은 그 하나-됨의 양상이다. 때로 다양체는 매우 일시적이며 일정 시간만 존속하다가 사라진다. 또, 때로는 ('희망 버스'의 경우처럼) 일시적이기는 하지만 반복됨으로써 일정한 이름을 가진 사건이 되기도 한다. 어떤 다양체들은 더욱 강한 **응집력**을 가진다. 기존의 개체는 다양체가 아닌 것이 아니라(개체 역시 수많은 요소들의 총체이다) 응집력이 매우 강한(사실상 가장 강한) 다양체임에 다름 아니다. 이 응집력의 반대편에는 **탈영토화**가 작동하며, 탈영토화에 의한 차이화와 응집력을 통한 동일자화의 밀고 당기는 힘이 한 다양체를 특징짓는다. 또한 하나의 다양체는 그것의 **다질성**의 정도에 따라서, 즉 얼마나 많은 이질성들을 주름-접고 있는가에 따라서 그 성격을 달리 한다. 더 다질적일수록 추상적 다양체로부터 질적 다양체로 이행한다고 하겠다. 한 다양체가 보다 다질적일

수록 그것은 그만큼 더 (베르그손적인 의미에서) 지속한다.[23]

특이존재로서의 개체는 확장된 개체로서, 개체를 다른 어떤 것으로 환원시키지도 않고 또 기존의 개체에 머무르지도 않는다. 이-것은 기존의 개체를 핵으로 생성해 가는 확장된 개체 개념이다.

이-것-되기로서의 주체화

이-것은 다양체로서의 개별자이며, 따라서 고정된 실체로서 존재하지도 않으며 동시에 하나-임이 결여된 추상적 생성도 아니다. 어떤 형태로든 하나-임이 결여된, 즉 어떤 형태의 분절도 없는 생성이란 '화이트 노이즈' 외에 아무 것도 아닌 상태라 해야 할 것이다. 생성이란 항상 생生하면서 성成하는 것이다. 이-것은 이 생-성을 개념화해 주고 있다. 이제 짤막한 개념사적 고찰을 하면서 이 개념을 조금 더 다듬어 보자.

존재론사에 있어 우리의 문제의식이 발생한 바로 그 장소로 다시 가 보자. 개체와 형상을 놓고서 생겨난 아리

---

23. 한 다양체가 다질적이면서도 동시에 높은 응집력을 가진다면, 그것은 그만큼 더 지속한다. 들뢰즈가 적절히 지적했듯이, 여기에서 '지속한다'는 것은 분할 불가능하다는 것이 아니라 분할할 경우 그만큼 본성상의 변화를 겪는다는 뜻이다.

둔스 스코투스(Duns Scotus, 1266~1308)

스토텔레스의 고민이 바로 그 장소였다. 개체를 앞에 둔 아리스토텔레스의 망설임은 바로 개체란 (그리스 철학의 기준에 있어) '인식'의 대상이 될 수 없다는 스승 플라톤의 말에 뿌리 두고 있다. 개체의 존재론적 위상에 대한 그의 확신과 그 인식론적 위상에 대한 망설임이 문제의 발단이 된다. 둔스 스코투스가 'haecceitas' 개념을 제시한 것은 이 망설임을 넘어 개체의 인식 가능성을 인정하기 위한 것이었다. 그에게 한 개체는 다른 것으로 환원되어야 할 것이 아니라 그 자체로서 인식해야 할 존재였다. 그에게 개체란 실체로도 부정으로도 실존으로도 양으로도 질료로도 환원 불가능한 것으로서, 오로지 "형상의 최종적인 규정"(스코투스주의자들의 표현대로 '이-것')을 통해서 인식할 수 있는 것이었다. 개체는 그에게 너무 헐거웠던 옷을 대폭 줄여서 비로소 몸에 꼭 맞는 옷을 입게 된 것이다. 이는 서구 존재론사에 있어 매우 중요한 인식론적 혁명이었다.[24]

그러나 둔스 스코투스가 구제하려 했던 개체 개념은 어디까지나 기존의 개체 개념이었다. '이-것'은 상식적인 개체, 우리가 흔히 손가락으로 '이'this라고 가리키는 그런 개체들이다. 이런 개체 개념을 넘어서기 위해서는 우선 그것을 해체하고(그것이 단단한 동일성을 일단 무너뜨리고), 다음에는 재조립할(새롭게 개체성을 정의할) 필요가 있었다. 이 철학사적 과제를 맡아 수행한 인물은 라이프니츠였다. 라이프니츠에게 모나드는 이중으로 이해된다. 우선 그것은 '빈위들'attributes의 계열체이다. 빈위들이라는 논리적 원자들의 계열체인 한에서 개체는 우선은 그 단단한 동일성을 상실하게 된다. 개체란 빈위들의 하늘에서 신이 임의로 선별해 계열화함으로써 성립한 결과이다. 그러나 다른 한편 각각의 모나드는 오로지 '하나'일 때만 의미를 가진다. 라이프니츠가 종종 언급했듯이 " '하나'의 존재가 아닌 것은 하나의 '존재'가 아니"라면, 모나드 역시 오로지 '하나'일 때에만 진정한 '존재'(실재)일 수 있다. 빈위들은 원자들보다 아니 세포들보다 더 단단한 끈으로 연결되어 있다.

---

24. 이 문제에 관련된 원전들이 다음과 같이 편집되어 있어 도움을 준다. *Five Texts on the Medieval Problem of Universals: Prophyry, Boethius, Abelard, Duns Scotus, Ockham*, ed. by P. V. Spade, Hackett, 1994. 이 문제에 관한 현대 학자들의 연구는 다음에 편집되어 있다. *Le problème de l'individuation*, ed. par P.-N. Mayaud, Vrin, 1991.

라이프니츠에게 개별성은 더 이상 '하나의 형상'이라는 단단한 덩어리를 근거로 하지 않는다. 그것은 빈위들의 조합을 통해 구성된다. 그러나 개별성은 경우에 따라서는 쪼개질 수도 있는 복합체가 아니다. 그것은 그 말 그대로 '모나드'이다.[25]

라이프니츠 자신은 이런 생각의 귀결을 끝까지 밀어붙이지 않았다. 그는 신학적 구도에 입각해 그런 가능성을 봉합해버렸다. 현재의 세계가 최선의 세계이며, 따라서 지금의/기존의 개체들과 다른 개체들(신이 설계는 했지만 실현하지 않은)은 '괴물들'이다. 하지만 신학의 너울을 벗어버린다면, 그래서 빈위들의 보다 자유로운 결합을 상상해 본다면, 모나드들은 기존의 개별성을 넘어 온갖 형태의 확장된 개별성들을 낳을 것이다. 이제 '괴물들'이 보다 일반적이고 기존의 개체들은 그 특수한 경우로서 자리 잡게 될 것이다(빈위들의 하늘을 '정보의 바다'로 보고 그 바다에서의 일정한 정보 집적으로부터 생명체가 태어난다고 본다면, 지금의 구도는 〈공각기동대〉가 묘사하는 세계 — "나는 정보의 바다 위에서 태어난 생명체다"라는 인형사의 말을 상기해 보자 — 에 연결된다).[26] 물론 이것은 상상의 나래를 펴

---

25. 다음을 참조하라. J. A. Cover & J. O'Leary-Hawthorne, *Substance and Individuation in Leibniz*, Cambridge University Press, 1999.

것이며, 실제는 라이프니츠의 봉합된 세계와 이런 극단적 상상의 세계 사이에서 생성해 간다고 할 것이다. 이렇게 신학의 너울을 제거한 라이프니츠주의는 개별성/개체를 사유함에 있어 중요한 한 문턱을 넘어서고 있다.

라이프니츠가 열어 놓은 길을 더 밀고 나아가 현대적 '이-것' 이론을 개척한 인물들, 우리 논의의 직접적 참조점이 되는 인물들은 질베르 시몽동Gilbert Simondon, 베르나르 스티글레Benard Stiegler, 질 들뢰즈이다.[27] 이들에 의해서 현대적 의미에서의 개체화론, 이-것론의 가닥이 잡혔다고 하겠다.

시몽동은 기존의 개체화론이 질료형상설이나 원자론에 입각해 이루어졌으며, 두 경우 모두 개체를 가지고서 개체화를 설명한 것이지 개체화를 가지고서 개체를 설명한 것은 아님을 지적한다. 질료형상설의 경우 형상의 개별성이 전제된 채로 질료에의 구현을 통해 개체 생성이 이루어진 것으로 보았고, 원자론의 경우 작은 개체들이 모여 큰 개체를 이루는 것으로 보았을 뿐이다. 두 경우 모두 '화'

---

26. 다음을 보라. 이정우, 『주름, 갈래, 울림』 저작집 5, 그린비, 2011; 이정우, 『기술과 운명』, 한길사, 2001.

27. 다음 저작들을 보라. Gilbert Simondon, *L'individu et sa genèse physico-biologique*, Millon, 1995; Bernard Stiegler, *La technique et le temps*, 3 vols., Galilée, 1998~2001; Gilles Deleuze et Félix Guattari, *Mille plateaux*, Minuit, 1980.

化의 바탕 위에서 개체들이 생-성하는 과정을 제대로 포착하지는 못한다. 개체-화를 근거로 개체를 이해한다는 것은 곧 '준안정'metastable 상태의 물질적 바탕이 차이생성/불안정(시몽동의 용어로 'disparation')을 극복하고서 개체화되는 과정에 주목하는 것이다. 이는 곧 계속 차이생성하는 물질적 바탕 위에서 어떤 동일성이 형성되는 과정이다. 이 동일성 형성이 곧 개체화의 과정이며, 이런 개체화의 과정은 생물학적 개체들의 생-성에서 가장 두드러지게 나타난다. 시몽동은 생물학적 과정만이 아니라 그 아래에서의 물리학적 과정, 그 위에서의 심리학적 과정 및 사회학적 과정까지 포용해 다층적이고 입체적인 논의를 전개함으로서 현대 개체화론의 기본 틀을 마련해 주었다. 이는 존재론적 문제의식과 구도를 통해 현대 학문을 종합하고 있는 빼어난 예이며, 오늘날의 개체화론은 시몽동에서 그 실마리를 잡을 수 있다.

스티글레는 시몽동이 매우 다층적인 논의를 통해 개체화를 보여주고 있긴 하지만 결국 다분히 인간중심주의적인 태도를 견지하고 있음을 지적한다. 이는 곧 차이생성하는 물질을 마름질해 어떤 동일성을 구성해 가는 과정은 그 어떤 형태로든 주체성을 전제해야 함을 뜻한다(이 때문에 시몽동은 특히 기술적 과정들에 주목한다. 『기술적 대상

들의 존재 양식에 대하여
』 참조). 그러나 스티글
레는 "기술이 인간을 발
명하고, 인간이 기술을
발명한다"는 유명한 생
각에 입각해, 기술에 있
어 주체성과 객체성의 날
카로운 이분법을 무너뜨

베르나르 스티글레(Bernard Stiegler, 1952~)

린다.[28] 인간의 주체성은
극히 오랜 세월에 걸쳐 축적된 거대한 자연적 과정 위에
떠 있다. 주체성의 활동은 항상 '이미-거기에 있는 것'le
déjà-là 위에서 이루어지며, 주체성은 '언제나-이미' 그 안에
들어 있는 자신을 발견하곤 한다. 바로 그렇기 때문에, 자
연적 과정은 물론이고 기술적 과정 또한 객체를 겨냥하는
주체의 활동이 아니라 주체와 객체, 인간과 기술의 복잡한
얽힘 - 데리다의 용어로 '차연' - 을 통해 성립하는 것이다.
스티글레의 논의는 주체성을 주체-화로 전환시킨 중요한
작업이지만, 인간 주체성 고유의 역할과 기존의 개체가 여
전히 가지는 의미를 망각해버린다면 다시 한쪽으로(또 다

---

28. 이런 그의 생각은 '행위자네트워크 이론'과 통한다. 브루노 라투르 외, 『인
    간 · 사물 · 동맹』, 홍성욱 엮음, 이음, 2010.

른 형태의 환원주의로) 쏠릴 위험성을 안고 있다.

들뢰즈는 시몽동의 큰 영향 아래에서 평생에 걸쳐 개체화론을 다듬어 갔다. 들뢰즈는 '잠재적인 것의 현실화'라는 그의 기본 틀에 입각해 개체화를 다루었고, 잠재성의 차원을 '특이성들의 구조'와 '강도의 생성'이라는 개념을 통해 정교하게 전개함으로써 현대 존재론의 한 정점을 이룩했다. 그러나 우리의 맥락에서 더 중요한 측면은 그가 '이-것' 개념의 함의를 자연철학/존재론의 측면에서만이 아니라 사회적-문화적 층위에서도 다양한 방식으로 이끌어냈다는 점에 있을 것이다. 이러한 전개에서 가장 핵심적인 것은 곧 일반성-특수성에서 보편성-특이성으로의 전환이다. 개체가 특수성들의 매개를 통해서 일반성으로 나아가는 구조로부터 보편성의 지평 위에서 다양한 특이존재들의 생-성을 이해하는 것이 결정적으로 중요하다.[29] 시몽동과 스티글레가 어느 정도 다루었고 들뢰즈가 보다 본격적으로 전개하기 시작한 이 사회적-문화적 논의를 특

---

29. 이 문제는 이정우, 『천 하나의 고원』(돌베개, 2008)에서 다루었다. 가라타니 고진은 특수성-일반성이라는 헤겔적 틀과 보편성-개별성이라는 칸트의 틀을 논하면서 들뢰즈의 이런 생각을 언급하고 있다(『트랜스크리틱』, 송태욱 옮김, 한길사, 2005, 169쪽 이하). 그러나 고진은 들뢰즈의 특이존재가 칸트적 개별성과는 판이한 것이라는 점을 이해하지 못하고 있다. 들뢰즈의 특이존재는 양적 단일성/개별자도 질적 독특성/단독자도 아닌 '이-것'을 뜻한다.

히 윤리학적 맥락에서 구체화해 나가는 것이 개체화론의 현 단계라고 할 수 있다.

매우 방대한 내용을 극히 간략하게 정리했거니와, 우리에게 '이-것' 개념은 우선 주체화의 문제에 연결되고, 다음으로는 이-것-되기의 윤리학에 연결된다(이런 작업이 일정 정도 수행된 연후에는 구체적인 정치철학적이고 문화철학적인 논의로 나아갈 수 있다).

주체-화는 'singularity=multiplicity'라는 우리의 공식에 입각했을 때 이-것-되기로서 이해된다. 이-것-되기는 다양체를 만들어가면서 과정 즉 특이존재를 만들어가는 과정이며, 주체-화는 곧 기존의 개체를 그 중요한 요소로 포함하는 다양체-되기, 이-것-되기를 통해서 성립하는 것이다. 이런 의미에서의 주체-화는 기존의 주체 개념을 넘어서는 동시에 각종 형태의 환원주의 또한 넘어선다. 이-것-되기로서의 주체화는 기존의 주체가 가지는 단단한 동일성을 버리고 다양체를 만들어가는 과정으로서의 개별-화, 주체-화를 사유하지만, 다른 한편으로는 다양체가 가지는 'singularity'의 성격과 각 다양체에서의 기존의 주체들의 역할 또한 사유하려 하기 때문이다. 주체는 주체-'화'를 겪는 존재로서 이해되어야 하지만, 동시에 그것이 '주체'-화라는 것 또한 잊지 말아야 한다. 이-것-되기로서의 주체화는 단단한 동일성도 아니고 얼굴 없는 생성도 아닌 것이다. 그 때에만 우리는 역동적인 존재론과 구체적인 윤리학을 동시에 붙잡을 수 있다.

장애물들과 지표들

이-것-되기는 그 자체 윤리학적 성격을 함축한다. 이-것-되기에서는 존재론과 윤리학이 융합되어버린다.

왜 그럴까? 이-것이 되어 간다는 것은 곧 여러 이질적 존재들의 다양체를 만들어 감을 뜻한다. 따라서 그것은 이질적 존재들 사이의 갈등과 타협, 여럿 사이의 외부성과 하나로의 내부화를 둘러싼 각종 문제들이 함축되어 있기 때문이다. 이-것-되기는 그 자체 일종의 실험, 단순한 자연과학적 실험이 아니라 인생의 실험, 삶의 존재양식을 둘러싼 실험이다. 윤리학이 사람과 사람 사이의 갈등과 화해를 다루는 학문이라면, 이-것-되기로서의 주체-화는 항상 윤리적인 문제가 아닐 수 없다. 여기에서는 우리가 어떤 존재로서 '존재할까'라는 존재론적 물음과 어떻게 '행위할까'라는 윤리학적 물음이 하나로 통합된다. 삶의 문제란 결국 어떤 다양체를 만들어갈 것인가의 문제이다.

이-것-되기의 철학에서 가장 핵심적인 것은 과연 어떤 이-것/다양체/특이존재를 만들어갈 것인가 하는 것이다. 그런 방향성이 구체적 지표로서 제시되지 않는다면, 모든 철학들이 그렇듯이 이-것-되기의 철학 역시 오용·남용·악용에서 자유롭지 못할 것이다. 사실 인간은 항상 이-것-되기를 행하면서 살아 왔다. 삶이란 이-것-되기 이외의 것이 아니다. 그렇다면 이-것-되기의 철학적 틀만 제공하는 것으로는 사실상 무엇이든 쓸어 담는 틀이 되어버릴 것이다. 우선 이-것-되기의 장애물들을 살펴보고, 그 방향성을 생각해 보자.

이-것-되기 즉 확장된 개체 되기의 가장 일차적인 장애물은 기존의 개체이다. 기존의 개체 개념에 가장 적절히 부합하는 것은 곧 생명체-개체이다. 생명체로서의 개체는 자체의 동일성 유지를 본능으로 하며, 따라서 스스로의 개체성에 집착한다. 인간의 경우 이는 아집我執으로 나타난다. 아집은 우리로 하여금 기존의 개체성으로서의 자신에 집착하게 만들며, 그로써 이-것-되기를 방해한다. 이 점에서 이-것-되기의 일차적 관건은 아집을 어떻게 넘어서느냐 하는 것이다. 이-것-되기의 아집 넘어서기는 불교의 그것과는 다르다. 불교는 아我의 개체성이란 사실상 그것을 가능케 한 숱한 조건들의 산물일 뿐이라는 점을 자각함으로서 그것에 대한 미망을 깨트리려 한다. 수레가 숱한 부품들의 결합체일 뿐이듯이(『잡아함경』, 45권), 자아

는 (오온五蘊 등 다양한 방식으로 파악되는) 다양한 조건들
의 결과일 뿐이다. 이는 매우 중요한 통찰이지만, 이-것-
되기의 철학은 불교와 반대 방향을 취한다. 이-것-되기는
기존의 개체를 그 아래로 해체해 나가기보다는 오히려 그
위로 확대해 나감으로써 극복하고자 한다. 그것은 개체를
해체하기보다는 다양체에 속하게 함으로써, 다양체에서
일정한 역할을 행하게 함으로서 그 개체성을 극복한다. 이
는 또한 하이데거적인 탈-주체의 철학과도 상반된다. 이
점에서 이-것-되기의 철학은 해체의 철학이 아니라 창조
의 철학이다.

이-것-되기의 또 하나의 큰 장애물은 기표체제에 있
다. 라캉이 '상징계'의 개념을 통해, 들뢰즈와 가따리가 '기
호체제'의 개념을 통해 잘 보여주었듯이, 우리의 삶은 철
두철미 기표들의 장 속에서 이루어진다. 기표체제는 우리
의 삶을 선험적으로 조직하고 있기에, 그 그물을 찢고서
새로운 이-것을 만들어 내려는 노력을 하지 않는 한 좀체
변하지 않는다. 이 기표체제는 매우 다양한 맥락에서 형성
되지만, 그 가장 큰 권력은 역시 국가라는 체제에 있다. 이
외에도 각종 형태의 권력적 장치들은 일반성-특수성의 체
계를 구축함으로서 보편성-특이성의 면을 기표화한다. 이
-것을 만들어간다는 것은 이런 체제에서 볼 때 '괴물'이라

할 만한 것을 만들어가는 것
이며, 사실 우리는 이런 괴물
들을 만들어 감으로써만 비로
소 주체-화를 이루면서 살아
갈 수 있다.

이-것-되기의 또 하나 큰
장애물은 자본주의에 있다.
그러나 자본주의와 이-것-되
기의 관계는 묘하다. 자본주
의는 이-것-되기와 이중적인

조지프 슘페터(Joshep Schumpeter,
1883~1950)

관련성을 가진다. 한편으로 자본주의는 이-것-되기의 환
경을 이룬다. 왜일까? 바로 자본주의는 기존의 기표체제
를 부수고서 끝없이 새로운 상품들을 만들어 내는 것을 핵
으로 하는 체제이기 때문이다. 근대에 들어와 본격화된 자
본주의 생산체제는 (슘페터가 지적했듯이) '이노베이션'
없이는 존속할 수 없다. 이노베이션 경쟁은 끝없는 발명을
요구하며, 오늘날 이-것-되기의 가장 강력한 추동력이 자
본주의에 있다는 점은 분명하다. 그러나 다른 한편 자본주
의는 모든 이-것-되기를 자본에 종속시킨다. 모든 상상과
창의력, 발명, …… 등은 궁극적으로 자본을 증식시키는 한
에서만 가치를 부여받는다. 학문과 예술조차도 자본의 그

림자 아래에서 움직이고 있다.[30] 이는 곧 이-것-되기를 행
하는 행위로서의 노동은 필연적으로 자본에 종속되어버림
을 뜻한다. 따라서 이-것-되기는 자본주의와 이중의 방식
으로 대결한다. 한편으로 그것은 자본주의가 만들어 내는
역동적인 환경을 단순 배척하거나 부정하기보다는 적극적
으로 대응해야 할 환경으로 간주하며, 다른 한편으로 모든
것을 자본에 종속시키는 그 힘과 맞서 싸움으로써 자유와
해방을 추구한다. 오늘날의 이-것-되기는 무엇보다도 이
런 두 측면이 복잡하게 교착되는 전선戰線에서 이루어지고
있다 하겠다.

　　오늘날의 이-것-되기에 있어 가장 기본적인 세 가지
방향을 짚어 보자. 이-것-되기는 내적으로는 자신의 기존
개체성의 극복을 핵으로 하지만, 그 지향점은 곧 생명의
귀환에 있다. 생명의 귀환은 현대 사회를 특징짓는 '생체
권력'과의 투쟁을 그 핵심으로 한다. 오늘날 생체권력은
(푸코가 상세히 분석했던) 훈육사회적인 것으로부터 '관리
사회'(들뢰즈)적인 것으로 이행하고 있다. 이는 곧 생체권
력의 핵심이 국가적 훈육에 있다기보다 자본주의적 관리
에 있다는 것을 뜻한다(물론 전자가 끝나고 후자가 시작된

---

30. 조정환은 현대 자본주의를 '인지자본주의'로 특징짓고, 그것의 극복을 위
　　한 대안들을 제시했다. 『인지자본주의』(갈무리, 2011)를 보라.

것은 아니다). 오늘날 생명은 자본의 이익을 위해 철저히 파헤쳐지고 있고, 또 조작되고 있다(생명에 대한 이런 대상화는 곧 앞에서 우리가 논한 환원주의를 그 이론적 기반으로 한다. 환원주의를 논파하는 것이 절실한 것은 이 때문이다). 과학기술과 자본주의의 맹목적 폭주는 사실상 인류의 존망 자체를 위협하고 있다고 하겠다. 이-것-되기는 오늘날 철저히 개발·조작·유통·판매되고 있는 생명을 그 본래의 모습으로, 기氣의 약동으로 돌려놓기 위한 노력을 중심으로 전개되어야 할 것이다.

또 하나의 방향은 주체의 귀환이다. 이는 내적으로는 자신의 무의식에 각인되어 있는 기표체제와의 투쟁을 함축하지만, 외적으로는 사람들에게 가해지는 각종 기표체제와의 투쟁을 뜻한다. 이-것-되기로서의 주체-화는 특정 기표체제에 매몰되어 특정 주체로서 형성되는 삶의 과정에 대한 철학적 반성과 정치적 투쟁을 통해 다양체를 만들어가는 실험이다. 이는 "한편으로는 파괴하고, 다른 한편으로는 구축하는" 이중의 과정이다. 여기에서 파괴란 주어지고 길들여지는 데로의 주체의 파괴이며, 구축이란 이-것-되기로서의 주체-화의 과정이다. 이런 주체-화해가는 존재로서의 주체는 무위인無位人이지만, 이는 '위'의 체계를 떠남을 뜻하지 않는다('위'가 없는 주체라는 개념은 공허한 개념에 불과하며, 실재적인 것이 아니라 상상적인 것이다). 무위인은 '상징적 죽음'을 통과해 가면서 이-것으로 화해 가는 주체일 뿐, 상징계를 초월한 주체는 아닌 것이다. 주체-화는 결국 기존의 개별성들 또는 이미 기존의 것으로 화한 이-것들을 넘어 새로운 이-것들을 창조해 나가는 행위에 다름 아니며, 이것은 곧 기표체제와의 계속적인 투쟁을 함의한다.

마지막으로 이-것-되기로서의 주체화는 노동의 참된 의미를 추구하는 과정이기도 하다. 노동이란 무엇인가? 노동이란 기존의 개체인 내가 타자들과 상호 작용하면서 다양체를 만들어 가는 과정 이외의 것이 아니다. 결국 노동을 통해서 이-것들이 생성해 간다. 그러나 오늘날의 노동은 자본의 각종 포획장치들에 걸려 화폐의 증식을 지상 명제로 삼아 이루어지고 있다. 그런 과정을 통해 '노동'이라는 말의 뉘앙스는 자본의 무게를 떠받치면서 낑낑대는 헐벗은 행위로서 왜곡되어 있다. 이-것-되기로서의 주체-화는 노동의 귀환을 통해서 그것을 다양체를 만들어 가는 창조적인 행위로 새롭게 자리매김하는 과정을 필수적으로 포함한다. 주체-화란 결국 내가 타인들과 더불어 어떻게 노동함으로써 다양체를 창조해 갈 것인가의 문제 이외의 것이 아닌 것이다. 오늘날 삶의 모든 것들이 자본주의의 그림자 속으로 들어가 버린 상황에서 참된 노동으로서의 이-것-되기야말로 주체-화의 관건이라고 할 것이다.

맺음말

인간으로 태어나 삶을 살아간다는 것은 좋든 싫든 어떤 주체가 되어 살아가야 함을 뜻한다. 그 때 가장 중요한 것은 어떻게 자신의 사건을 살 것인가의 문제이다. 우리의 삶은 상당 부분 외부적 조건들에 의해 만들어지지만, 그러한 조건들로 온전히 환원되지 않는 우리 안의 생명/기(氣)는 항상 "당신의 사건을 살아라"고 속삭인다. 이론적인 환원주의들과 사회적인 포획장치들에 온전히 귀속되지 않는다는 것이 곧 나의 사건을 사는 것이다.

그러나 이것이 "나" 즉 기존의 개체성으로서의 나에 집착함으로써 가능한 것은 아니다. 그것은 존재론적으로 아예 불가능하기도 하거니와, 윤리적으로도 부정적인 결과를 낳는다. "나"를 타자들에로 개방해 타자들과 함께 다양체를 만들어가는 것이 관건이다. 자신의 사건을 산다는 것은 결국 자신을 창조적인 이-것, 특이존재에 귀속시켜 감으로써 "나"의 주체성과 다양체의 객체성을 화해시켜 나가는 것이다(이는 또한 "나는 내가 행하는 그것이다"라는 사르트르의 위대한 통찰을 탈-주체주의적으로 재사유하는 것이기도 하다).

여기에서 '창조적'이란 존재론적으로 새롭고 윤리적으로 좋음을 뜻한다. 그리고 윤리적으로 좋음이란 생체권력, 기호체제, 자본주의와의 투쟁을 통해 생명, 주체, 노동을 귀환시키는 행위임을 뜻한다. 이런 주체-'화'야말로 바로 자신의 사건을 사는 것이라고 할 수 있는 것이다.

자율성의 과학은 가능한가?

최호영

물음

아마도 우리 대부분은 자기 삶의 주체 또는 자율적 존재가 되고자 할 것이다. 그렇다고 할 때 인간을 연구하는 과학은 주체로서 살고자 하는 인간의 바람에 기여해야 한다는 것이 필자의 소신이다. 그러나 과학의 지배적 패러다임은 인간의 주체성을 장려하기보다 인간을 자꾸 객체로 만드는 경향이 있는 것 같다. 어떤 사태에 대한 인과론적 지식은, 다시 말해 어떤 사태를 원인과 결과의 연쇄로서 이해하는 것은 유사한 사태의 전개를 예측하거나 통제할 수 있는 능력을 인간에게 부여한다. 이런 지식을 자연에 적용하는 것은 적어도 지금까지는 별 문제가 없었다. 왜냐하면 그것은 자연에 대한 인간 지배력의 확장을 의미하기 때문이다. 그리고 이런 지배력의 확장은 어떤 의미에서 인간 주체성의 확장이기도 하다.[1] 그러나 동일한 유형의 지식이 인간에 적용되었을 때, 곧 자연과학의 통제 패러다임

---

1. 그러나 자연에 대한 인간 지배력의 확장을 인간 주체성의 확장과 등치하는 것은 오늘날 자연과학의 경우에도 점점 더 문제로 바뀌고 있다. 자연에 대한 인간 지배력의 확장이 생태계 파괴와 인류 생존의 위협으로 이어지는 만큼, 과학기술의 패러다임도 자연에 대한 인간 지배력의 무한한 확장 대신에 그런 지배력 행사의 귀결을 함께 고려하는 성찰적 패러다임으로 바뀌어야 할 것이다.

으로 인간을 연구할 때 사태는 달라진다. 왜냐하면 이것은 인간에 대한 인간 지배력의 확장을 의미하기 때문이다. 이런 지식을 타인에게 적용하는 사람은 그만큼 더 힘 센 주체가 될지 모르지만, 이런 방식의 주체성의 확장은 일반화될 수 없는 것이며 자신뿐만 아니라 타인도 주체로서 대우하고자 하는 상호인정의 윤리에도 어긋나는 것이다. 이런 의미에서 인문사회과학이 인간 주체성에 기여하고자 한다면 그런 과학의 패러다임은 자연과학의 통제 패러다임과는 다른 것이어야 할 것이다.

필자의 기본 관심은 삶의 주체로서 살고자 하는 인간의 바람에 부응하는 과학, 특히 심리학을 발전시키는 것이다. 이런 관심을 바탕으로 이 글에서는 칠레의 인지생물학자 움베르또 마뚜라나Humberto Maturana와 프란시스코 바렐라Francisco Varela가 발전시킨 자기생산체계이론theory of autopoietic systems과 독일의 심리학자 클라우스 홀츠캄프Klaus Holzkamp를 중심으로 전개된 비판심리학Kritische Psychologie을 살펴보고자 한다. 자기생산체계이론은 생물을 자율적 체계로 다루려는 생물학적 시도이고 비판심리학은 개인을 주체로 다루려는 심리학적 시도이다. 따라서 이런 시도들을 살펴보는 것은 자율성의 과학을 모색하는 데 의미 있는 사례 고찰이 될 수 있을 것이다.

자기생산체계이론 : 자율적 체계의 생물학

  칠레의 두 인지생물학자 또는 인지과학자인 마뚜라나와 바렐라가 발전시킨 자기생산체계이론은 생물이 자기생산체계이자 자율적 체계라고 선언한다. 바렐라[2]에 따르면 우리가 타율적 체계 또는 통제된 체계와 상호작용할 때 사용하는 근본 범주는 '명령'이고 이런 상호작용의 바람직하지 않은 결과는 '오류'이다. 반면에 우리가 자율적 체계와 상호작용할 때 사용하는 근본 범주는 '대화'이고 이런 상호작용의 바람직하지 않은 결과는 '이해의 단절'이다. 자율적 체계의 인식능력이란 주어진 문제를 푸는 능력이 아니라 오히려 문제를 정의하는 능력이다. 자율적 체계의 행동은 자기지시적으로self-referential 또는 재귀적으로recursive 이루어지는 고유행동Eigen-Behavior으로 이해되어야 한다. 이렇게 자율적 체계로 이해된 생물은 환경에 단순히 적응하는 존재가 아니라 환경과 함께 공진화coevolution하는 존재이다.

  1970년대부터 발전해온 자기생산체계이론은 이렇게

---

2. Francisco Varela, "Autonomie und Autopoiese", in: S. J. Schmidt (Hrsg.),
   Der Diskurs des Radikalen Konstruktivismus, Frankfurt /M.: Suhrkamp,
   1987: 129.

에셔(Maurits C. Escher)의 〈Reptiles〉(1943)

생물을 바라보는 새로운 관점을 제시함으로써 (생물학계 보다는 오히려 그 밖의) 여러 학문분야에 상당한 영감과 자극을 제공했다. 임상심리학자들은 내담자를 자율적 존재로 보는 심리치료법을 개발하려 애썼고 교육학자들은 학생의 자율성을 전제하는 것이 교육행위 자체와 모순되지 않는지 고민해야 했으며 경영학자들은 종업원들의 또는 기업의 자율성을 고려하는 경영기법이 무엇일지 궁리했다. 왜 사람들은 이렇게 자기생산체계이론에 열광했을까? 그 이유는 아마도 우리 인간을 자율적 존재로 보아야

하는 경험적, 특히 생물학적 근거를 하버드대학에서 공부
한 두 명의 뛰어난 생물학자가 제시한 것처럼 보였기 때문
일 것이다. 그러나 우선 분명히 할 점은 이들의 이론이 근
본적으로 경험과 실험에 근거한 것이라기보다 방법론적이
고 개념분석적인 성찰의 결과라는 점이다. 이 점과 관련해
마뚜라나는 한 인터뷰에서 당신의 이론이 경험에 근거한
이론인가라는 질문에 대해 다음과 같이 답했다. "전통적인
의미의 경험적인 이론은 아닙니다. …… 만약 제가 살아 있
는 체계의 근원을 찾아서 경험적인 연구를 했다면 아마도
저는 지금의 제 생각에 이르기 위해 또 한 번의 개념적 변
화를 거쳐야 했을 겁니다. 우리가 무엇을 보는가는 우리가
어떤 개념을 가지고 있는가에 따라 달라지게 마련이죠."[3]

이 글에서 필자는 자기생산체계이론이 마뚜라나의 위
대답처럼 본질적으로 경험적이라기보다 개념분석적 성격
을 띤다는 점을 보일 것이다. 나아가 "우리가 무엇을 보는가
는 우리가 어떤 개념을 가지고 있는가에 따라 달라진다"는
마뚜라나의 통찰이 그의 이론에서는 애석하게도, 우리가
가지고 있는 개념이 마치 우리가 보는 것인 양 잘못 취급되

---

3. Humberto Maturana, "Gespräch mit Humberto R. Maturana", in: V.
Riegas und C. Vetter (Hrsg.), *Zur Biologie der Kognition: Ein
Gespräch mit Humberto R. Maturana und Beiträge zur Diskussion
seines Werkes*, Frankfurt/M.: Suhrkamp, 1990: 36.

는 오류로 이어졌다고 주장할 것이다. 다시 말해 자기생산 체계이론의 중요한 문제점은 방법론적 물음("어떻게 볼 것인가?")과 객체이론적 물음("지금 보고 있는 것이 무엇인가?")이 뒤섞여 있는 데서 비롯한다고 주장할 것이다.

구조결정된 체계 : 마뚜라나의 방법론적 가정

우리는 우선 마뚜라나가 어떤 과학적 방법론에서 출발하는지 살펴볼 필요가 있다.

설명은 기계론적으로mechanistisch 또는 생기론적으로vitalistisch 이루어질 수 있다. 기계론적 설명에서는 설명할 체계 또는 현상의 속성이 체계 조직의 또는 현상을 구성하는 과정의 결과이다. 반면에 생기론적 설명에서는 설명할 체계 또는 현상의 속성이 체계 또는 현상의 구조적 또는 역동적 구성 요소들 가운데 적어도 하나의 속성으로 다시 나타난다.[4]

마뚜라나의 용어에 익숙하지 않은 독자들에게는 위 인용이 이해하기 쉽지 않을 터이므로 예를 들어보자. 예컨대 생물의 번식이라는 속성을 설명하는 데 생물 안 어딘가에 번식력 같은 것이 있기 때문이라고 말한다면, 이것은 생물

---

4. Maturana, H., *Erkennen: Die Organisation und Verkörperung von Wirklichkeit, Braunschweig*, Wiesbaden: Vieweg, 1982.

구성요소들 가운데서 번식이라는 속성이 다시 나타난 셈이므로 생기론적 설명이 된다. 또 거북이가 알을 낳기 위해 뭍으로 올라온다고 말한다면, 이것은 알을 낳고자 하는 목적의식 같은 것이 거북이 머릿속 또는 몸속 어딘가에 있다고 가정하는 셈이다. 즉 알을 낳는다는 행동 특성이 거북이의 구성요소들 가운데서 다시 나타난 셈이므로 역시 생기론적 설명이 된다. 반면에 기계론적 설명이 되려면 번식 또는 알을 낳는 행동 같은 현상을 설명할 때 번식력 또는 알을 낳으려는 목적의식 같은 것을 체계의 구성요소로 가정해서는 안 된다는 것이다. 여기서 마뚜라나는 기계론과 생기론이 대립해온 생물학의 역사를 되돌아보면서 자신은 기계론의 입장에 서 있음을 분명히 하고 있는 것이다. 그리고 이렇게 이해된 기계론적 설명은 마뚜라나에 따르면 다음과 같은 두 가지 근본 작업으로 이루어진다.

(a) 설명할 문제로 간주되는 현상을 관찰하기
(b) 관찰된 현상과 동형의isomorph 현상을 산출할 수 있는 결정론적 체계의 형태로 설명 가설을 제시하기[5, 6]

---

5. Maturana, *Erkennen: Die Organisation und Verkörperung von Wirklichkeit*, Braunschweig, Wiesbaden: Vieweg, 1982: 140, 236.
6. 원래 위 인용문에서 기계론적 또는 과학적 설명은 네 단계로 제시된다. 곧 위의 (b)에 이어서 (c) 제시된 가설에 따라 예측 가능한 현상을 도출하기, (d) 이렇게 예측된 현상을 관찰하기가 그것이다(마뚜라나와 바렐라 2007:

여기서 마뚜라나가 언급하고 있는 기계론적 또는 과학적 설명이란 특별히 새로운 것이 아니라 자연과학자들이 많이 사용하는 방법이다. 물이 H_2O라는 화학적 설명을 예로 들어보자. 이 설명에 이르기 위해서는 먼저 설명할 문제로 간주되는 현상인 물을 관찰해야 한다. 곧 물은 (액체이고 투명하며 거의 무색, 무취, 무미하다는 식의) 일련의 속성들과 (0°C의 온도에서 얼고 100°C의 온도에서 증발한다는 식의) 일련의 법칙적 행동들로 규정될 수 있다. 여기까지가 위의 (a)에 해당한다. 그런 다음에 우리는 화학물질들의 특정한 결합이, 곧 H_2O가 물의 구성요소라는 '설명'을 제시할 수 있는데, 그 근거는 이 화학적 결합을 통해 생기는 물질이 앞서 관찰한 물과 동일한 속성 및 행동을 보이기 때문이다. 다시 말해 이 화학적 결합이 "관찰된 현상과 동형의 현상을 산출할 수 있는 결정론적 체계"이기

36도 참조). 그러나 (c)와 (d)는 (b)에서 제시한 설명 가설을 검증하는 절차이며, 따라서 네 단계의 과학적 설명은 (a)와 (b)의 두 단계로 압축될 수 있음을 마뚜라나(Maturana 1982: 139, 238) 스스로 분명히 밝히고 있다. 그런가 하면 Hejl(1990: 209)은 마뚜라나의 이런 과학 방법론이 이미 반(反)실재론적이고 구성주의적인 것이라고 해석한다. 그러나 필자가 보기에 이것은 자연과학적 방법론에 대한 실재론적 해석과 본질적으로 다르지 않다. 예컨대 과학적 실재론자 Bhaskar(1979: 144~145)에 따르면 과학적 방법은 다음과 같은 절차로 전개된다. "1) 설명할 효과 또는 현상을 규정하기, 2) 그 현상을 산출할 가설적 메커니즘 또는 구조를 가정하기, 3) 직접 또는 간접 관찰로 이끄는 실험 활동을 통하여 그리고 대안적 설명들을 제거함으로써 그 메커니즘의 존재를 증명하려고 시도하기."

때문이다. 이것이 위의 (b)에 해당한다. 이렇게 볼 때 마뚜라나가 말하는 기계론적 또는 과학적 설명이란 설명할 현상 또는 대상이 무엇으로 구성되어 있는가라는 물음에 대한 대답이며, 현상 또는 대상의 구조를 밝히고자 한다는 의미에서 구조적 설명이라고 부를 수 있겠다.[7]

그럼 이제 구조적으로 결정된 체계 또는 구조결정된 체계strukturdeterminiertes System가 무엇인지 살펴보자.

구조결정된 체계란 체계의 상태변화가, 다시 말해 …… 체계를 정의하는 조직이 해체되지 않은 채 일어나는 체계의 구조변화가 체계와 무관한 작인을 통해서가 아니라 체계의 구조를 통해서 결정되는 체계이다.[8]

이 인용문을 읽은 독자들은 마뚜라나가 여기서 구조적으로 결정된 체계와 구조적으로 결정되지 않은 체계를 구별하고 있다는 인상을 받기 쉽다. 그러나 마뚜라나에 따르면 우리가 과학적 방법으로, 다시 말해 기계론적 관점에서

---

7. 또한 이렇게 이해된 구조적 설명은 마뚜라나와 긴밀한 관계 속에서 공동연구를 수행했던 사이버네티스트 푀스터(Foerster, 1987)가 말한 '기계 확인의 문제'(Maschinenidentifikationsproblem), 곧 설명할 현상을 어떤 기계의, 다시 말해 어떤 결정론적 메커니즘의 작동 결과로서 다시 제시해야 하는 문제와도 본질적으로 같다.

8. Maturana, *Erkennen: Die Organisation und Verkörperung von Wirklichkeit*, Braunschweig, Wiesbaden: Vieweg, 1982: 140.

세계를 관찰하는 한, 구조적으로 결정되지 않은 체계란 전혀 존재하지 않는다! 이 점은 마뚜라나의 다음과 같은 진술에서 분명하게 드러난다.

> 표준관찰자가 두 체계를 구별할 수 있는 근거는 동일해 보이는 작용을 받았을 때 두 체계가 상이한 상태를 띠기 때문이다. 다시 말해 두 체계가 명령을 받지 않는 체계이기 때문이다. 과학적 방법을 통해 우리는 오로지 체계의 구조변화가 그것의 구성요소들 사이의 관계와 상호작용으로 소급될 수 있는 체계만을, 따라서 구조결정된 체계로 작동하는 체계만을 다룰 수 있다. 구조결정된 체계는 명령적인instruktiv 상호작용이라는 것을 알지 못한다.[9]

이제 분명해지듯이 구조결정된 체계란 세계에 존재하는 여러 유형의 체계들 가운데 한 유형을 가리키는 객체이론적 범주가 아니라 과학적 방법으로, 곧 기계론적 방법으로 체계를 관찰할 때 반드시 따라야 하는 방법론적 가정인 셈이다. 그리고 여기서 '명령적인 상호작용'을 알지 못한다는 얘기는 (체계와 환경 사이에 아무런 상호작용도 일어나지 않는다는 뜻이 아니라) 환경이 체계에 어떤 상태변화를 일으킬지는 환경의 특성에 의해서가 아니라 체계의 구조

---

9. 같은 책, p. 243.

청중에게 강연 중인 마뚜라나

에 의해 결정된다는 의미이다. 마뚜라나의 또 다른 문장을 읽어보자.

> 개체와 환경의 재귀적 상호작용은 둘의 상호섭동reziproke Perturbation으로 나타난다. 이런 상호작용에서 환경의 구조는 자기생산개체의 구조에 변화를 유발auslösen할 뿐, 그것을 결정determinieren하거나 명령instruieren하지 않는다. 이것은 거꾸로 환경에 대해서도 마찬가지다.[10]

---

10. 움베르또 마뚜라나 · 프란시스코 바렐라, 『앎의 나무』, 최호영 옮김, 갈

우리는 아직 마뚜라나와 바렐라가 말하는 자기생산체계가 무엇인지 또 자율적 체계가 무엇인지 자세히 살펴보지 않았다.[11] 그러나 그것은 중요하지 않다. 여기서 중요한 것은 마뚜라나와 바렐라의 이해에 따르면 자기생산체계는 자율적 체계의 부분집합이며 자율적 체계는 구조결정된 체계의 부분집합이라는 점이다. 이렇게 볼 때 위 인용문에서 환경의 구조가 자기생산체계의 구조에 변화를 유발할 뿐 결정하거나 명령하지 않는 근거는 해당 체계가 자기생산체계 또는 자율적 체계이기 때문이 아니라 구조결정된 체계이기 때문이라고 말해야 할 것이다. 왜냐하면 이미 앞에서 과학적 방법으로 다룰 수 있는 모든 체계는 구조결정된 체계이며 따라서 명령적 상호작용이라는 것을 알지 못하는 체계라고 가정했으므로, 구조결정된 체계의 한 부분집합인 자기생산체계의 특성이 무엇이든 상관없이 자기생산체계도 구조결정된 체계로서 명령적 상호작용을 알지 못한다고 가정해야 하는 것은 자명한 일이기 때문이다. 이것은 위 인용문에서 이런 사정이 "거꾸로 환경에 대해서도

무리, 2007, 91쪽.

11. 참고로 자기생산체계는 다음과 같이 정의된다. 생물을 특징짓는 "자기생산조직이란 구성요소들의 생산그물로 정의된 개체unity인데, 이때 구성요소들은 1) 그것들을 생산하는 바로 그 생산그물에 재귀적으로 참여하며 2) 그것들이 있는 공간에서 생산그물을 개체로서 실현한다"(Varela et al. 1974: 188).

마찬가지"라는 마뚜라나의 말에서도 정확히 확인된다. 왜 나하면 생물의 환경에는 또 다른 생물, 곧 자기생산체계만 존재하는 것이 아니라 그 밖에 온갖 유형의 체계가 존재하며 이런 모든 유형의 체계에 대해 명령적 상호작용이 성립하지 않는다고 말하고 있기 때문이다.

참고로 여기서 마뚜라나가 구조결정된 체계에 대해 말하는 것은 내적 모순이 사물의 발전 여부를 좌우하는 반면에 외적 모순은 발전의 속도를 좌우한다는 모택동의 모순론과 본질적으로 동일한 인식을 표현하고 있다. 계란은 적당한 온도를 받으면 병아리가 되지만 돌멩이는 온도를 받아도 병아리가 될 수 없다는 모택동의 예를 마뚜라나의 용어로 바꾸어보면 대충 다음과 같을 것이다. "표준관찰자가 계란과 돌멩이라는 두 체계를 구별할 수 있는 근거는 동일한 온도라는 작용을 받았을 때 두 체계가 상이한 상태를 띠기 때문이다. 다시 말해 계란과 돌멩이가 명령을 받지 않는 체계이기 때문이다."

이상 살펴본 것처럼 구조결정된 체계에 대한 마뚜라나의 논의는 본질적으로 방법론에 해당한다. 모택동의 모순론이 사물의 내적 모순과 외적 모순의 관계에 대한 방법론적 가정을 포함하고 있는 것과 마찬가지로 마뚜라나는 여기서 한편으론 체계와 환경의 상호작용을, 다른 한편으론 체계의 구조변화를 어떻게 이해할지 그리고 이 둘을 어떻게 서로 관련지을지에 대한 방법론적 가정을 서술하고 있는 것이다. 그러나 구조결정된 체계에 대한 마뚜라나의 서술은 독자들에게 오해를 불러일으키기 쉽다. 왜냐하면 "구조결정된 체계는 명령적인 상호작용이라는 것을 알지 못한다"는 마뚜라나의 설명은 마치 체계의 기능적 맥락에서, 다시 말해 체계와 환경의 상호작용 맥락에서 '명령적 상호작용'이라는 것이 아예 존재하지 않는다고 말하는 것처럼 보이기 때문이다. 그러나 명령적 상호작용과 그렇지 않은 상호작용, 또는 명령과 대화[12] 등은 우리가 체계와 환경의 상호작용 맥락에서 특정 기준에 따라 충분히 의미 있게 적용할 수 있는 개념들이다. 예컨대 상관의 명령에 따라 행동하는 것과 동료와 나눈 대화를 바탕으로 행동하는 것을 우리는 개인의 행동 수준에서 충분히 의미 있게 구별하고 관찰할 수 있다. 반면에 구조결정된 체계에 대한 마뚜라나의 서술은 체계의 행동 수준에서 이런 명령적 상호작용의 가능성을 원천적으로 배제하는 것 같은 인상을 풍긴다는 점에서 잘못된 것이다. 여기서 마뚜라나는 그저 '명령에 따른 행동'도 '대화에 기초한 행동'과 마찬가

---

12. Varela, "Autonomie und Autopoiese", in: S. J. Schmidt (Hrsg.), *Der Diskurs des Radikalen Konstruktivismus*, Frankfurt/M.: Suhrkamp, 1987: 129.

지로 개인의 구조적 특성을 바탕으로 이루어진다고 말하
고 있을 뿐이다.[13]

자율성의 여러 의미

자기생산체계이론에서 생물의 자율성은 적어도 세 가
지 의미로 논의된다. 첫째로 생물의 자율성은 생물의 자기
생산조직과 밀접한 관계 속에서 이해된다. 자기생산체계
이론에서 가장 중요하게 취급되는 이 맥락은 예컨대 다음
과 같이 서술된다.

> 자기생산조직의 특징적인 현상형태는 자율이라는 현상형
> 태이다. 다시 말해 자기생산조직의 실현은 이 조직이 작동
> 한 결과물이다. …… 이에 반해 체계를 개체로 실현하는 구
> 성요소들과 과정들이 그 체계의 조직을 통해 산출되지 않
> 는 기계적 체계를 우리는 타자생산체계allopoetische Systeme
> 라고 부른다. 이런 체계에서는 체계가 작동한 결과물이 체
> 계 자체와 상이하다. …… 타자생산체계는 그것의 구조상

---

13. 구조결정된 체계에 대한 마뚜라나의 서술을 객체이론적 주장이 아니라
    방법론적 가정으로 해석해야 한다는 점은 이미 여러 학자들에 의해 언급
    되었다. 예컨대 Hejl(1992)은 구조결정된 체계를 마뚜라나의 기계론적 설
    명원리로서 받아들이며, Schiepek(1988: 75)은 이것을 "존재론적으로
    (다시 말해 형이상학적으로) 선험적인 것으로 취급"할 위험성에 대해 경
    고하고 있다. 마찬가지로 Luhmann(1992: 279)은 구조결정론을 "존재론
    적 진술이 아니라 …… 과학적 설명의 요구조건"으로 간주한다.

자율적이지 않다. 왜냐하면 체계가 개체로서 실현되고 존속하는 것이 체계의 작동과 맞물려 있지 않기 때문이다.[14]

우리는 자율이란 개념을 흔히 쓰는 뜻으로 쓰고 있다. 곧 자기가 따르는 법칙이나 자기에게 고유한 것을 스스로 결정할 수 있는 체계는 자율적이다. 우리는 오직 생물만을 자율적 존재로 보자고 제안하는 것이 아니다. 분명히 그렇지 않다. 하지만 자율성이 생물을 가장 잘 드러내는 측면들 가운데 하나임은 분명하다. 따라서 우리의 견해로는 생물을 자율적 체계이게끔 하는 기제인 자기생산이야말로 생물을 자율적인 것으로 특징짓는다. …… 생물에게 독특한 점은 조직의 유일한 산물이 자기 자신이라는 점, 곧 생산자와 생산물 사이에 구분이 없다는 점이다. 자기생산개체의 존재와 행위는 나누어지지 않는다. 이것이 바로 자기생산조직의 특성이다.[15]

위 인용문들에서 우선 자율성이란 "자기가 따르는 법칙이나 자기에게 고유한 것을 스스로 결정할 수 있는" 능력 또는 상태로 이해된다. 그리고 이렇게 이해된 생물의

---

14. Maturana, *Erkennen: Die Organisation und Verkörperung von Wirklichkeit*, 159; 같은 곳 186쪽 이하도 참조.
15. 움베르또 마뚜라나 · 프란시스코 바렐라, 『앎의 나무』, 59~60쪽. 해당 번역서에 '자기생성'으로 번역된 것을 이 글에서는 필자가 '자기생산'으로 바꾸었음을 밝혀둔다.

자율성은 생물이 자기생산체계이기 때문에 생기는 결과로
묘사된다. 다시 말해 자기생산체계는 체계가 작동한 결과
물이 체계 자신이므로, 체계의 존재와 행위가 나누어지지
않으므로 자율적이라는 것이다. 여기서 체계의 존재와 행
위가 나뉘지 않는다는 것, 다시 말해 체계가 자기생산적이
라는 것과 체계가 자율적이라는 것은 정확히 어떤 관계일
까? 아래 인용문들을 따라가 보면 마뚜라나는 체계의 자
기생산성이 체계의 자율성에 대한 기계론적 설명을 제공
한다고 주장하는 것처럼 보인다.

> 살아 있는 체계를 설명하기 위해서는 살아 있는 체계에게
> 특징적인 현상계와 구별되지 않는 현상계를 산출하는 부류
> 의 개체들을 정의하는 조직을 제시하는 것이 필요하고 또
> 그것으로 충분하다.[16]

여기서 마뚜라나는 생물에 대한 과학적 설명이 어떠해
야 하는지를 우리가 앞서 살펴본 기계론적 설명의 틀에 따
라 서술하고 있다. 위 인용문을 앞서 살펴본 기계론적 설
명의 틀에 따라 재구성하면 (a) 생물의 특징적인 현상계=
설명할 문제, (b) 생물의 현상계와 구별되지 않는 현상계

---

16. Maturana, *Erkennen: Die Organisation und Verkörperung von
    Wirklichkeit*, p. 141.

주스트(Juste de Juste)의 스케치 〈그물 엮기〉

를 산출할 개체들의 조직=설명할 현상과 동형의 현상을 산출할 결정론적 체계로 이해될 수 있다.

우리의 일상 경험 속에서 살아 있는 체계는 어마어마한 다양성과 번식능력을 지닌 자율적 실체로 나타난다. 이런 경험을 바탕으로 우리가 관찰하는 대상이 무엇이든 그것이 자율적인 것처럼 보이기만 하면 그것을 순진하게 살아 있는 것으로 간주할 정도로 자율성은 살아 있는 체계의 너무

나도 명백하고 본질적인 특징인 것처럼 보인다. …… 자율
성과 다양성은, 곧 정체성의 유지와 이 정체성이 유지되는
방식의 온갖 변화의 근원은 살아 있는 체계의 현상계가 우
리에게 던지는 근본 과제이다.[17]

여기서 마뚜라나는 자율성이 생물을 특징짓는 대표적
현상임을 분명히 밝히고 있다. 곧 기계론적 설명의 틀에
따르자면 (a) 자율성=생물을 특징짓는 대표적 현상=설명
할 문제인 셈이다.

따라서 자기생산조직이 생물의 조직이라는 점을 증명하기
위해서는 자기생산체계가 살아 있는 체계라는 점을 증명하
는 것으로 충분하다. 그리고 이것은 자기생산조직을 가진
체계가 살아 있는 체계의 현상형태들을 산출함으로써 증명
된다.[18]

여기서 마뚜라나는 자기생산체계가 살아 있는 체계의
현상형태들을 산출하므로 자기생산체계가 곧 살아 있는
체계라는 주장을 펴고 있다. 곧 기계론적 설명의 틀에 따

---

17. Maturana, *Erkennen: Die Organisation und Verkörperung von
    Wirklichkeit*, p. 180.
18. Maturana, *Erkennen: Die Organisation und Verkörperung von
    Wirklichkeit*, p. 159.

르자면 (b) 자기생산체계=설명할 현상과 동형의 현상을 산출할 결정론적 체계인 셈이다. 그리고 위에서 자율성이 생물을 특징짓는 대표적 현상이라고 했으므로, 자기생산체계는 설명할 현상인 자율성과 동형의 현상을 산출할 결정론적 체계인 셈이다.

그러나 정말로 자기생산체계가 자율성을 (더 정확히는 자율성과 동형의 현상을) 산출할 결정론적 체계일까? 필자는 그렇지 않다고 본다. 필자가 이해하기에 온전한 기계론적 설명이 되려면 설명할 현상은 체계의 행동 수준에서 규정되어야 하고 그런 현상을 산출할 결정론적 체계는 체계의 구조 수준에서 규정되어야 한다. (앞서 예로 든 물의 화학적 설명에서 물이 액체이고 투명하며 0°C에 얼고 100°C에 증발한다는 식의 관찰은 물의 '행동' 수준에서 이루어지는 반면에 그것의 구성요소가 H_2O라는 주장은 물의 구조 수준에서 이루어지고 있음을 상기하라.) 그러나 마뚜라나는 "자기가 따르는 법칙이나 자기에게 고유한 것을 스스로 결정"한다는 자율성 개념을 생물의 행동 수준에서, 다시 말해 생물이 환경과 상호작용하는 맥락에서 설명하고 있지 않다. 오히려 마뚜라나가 사용하는 자율성 개념은 '생산자와 생산물 사이에 구분이 없고 존재와 행위가 나뉘지 않는다'는 자기생산과 마찬가지로 체계의 구조 수준에

서 관찰 가능한 사태인 듯하다. 만약 정말로 그렇다면 자기
생산은 (체계의 행동 수준에서 이해된) 자율성에 대한 기
계론적 설명이라기보다 (체계의 구조 수준에서 이해된)
자율성을 (마찬가지로 체계의 구조 수준에서) 개념적으로
재再서술하고 있을 뿐이다.[19]

　　자기생산체계이론에서 자율성이 논의되는 두 번째 맥
락은 '조직적으로 닫힌 체계'organisationell geschlos senes System
와 관련해서다. 바렐라는 학계에서 자율성과 자기생산이
혼동되고 있다고 지적하면서 두 개념의 관계를 명확히 하
려고 시도한 바 있다.[20] 바렐라의 제안에 따르면 자기생산

---

19. 자율성을 행동 수준에서 이해할지 아니면 구조 수준에서 이해할지에 대
해서는 마뚜라나를 긍정적으로 수용하는 학자들 사이에서도 의견이 갈린
다. 예컨대 인지신경과학자 Roth(1987: 265)는 생물이 환경에 얼마나 종
속되어 있는가라는 관점에서, 곧 생물의 행동 수준에서 자율성을 이해한
다. 그래서 그에게 생물의 자율성이란 "언제나 상대적인 것이다. 왜냐하면
생물은 언제나 특정한 방식으로 에너지와 물질의 측면에서 환경에 결부
되어 있기 때문이다." 반면에 사회학자 Luhmann(1992: 290)은 행동 수준
의 상대적 자율성 개념을 거부하면서 다음과 같이 말한다. "자기생산체계
개념은 자율성 개념을 이렇게 더 심층적으로 [곧 체계의 구조 수준에서:
필자] 이해하도록 강제한다." 하지만 Luhmann은 이렇게 구조 수준에서
이해된 자율성 개념이 체계의 행동 수준에서 환경과 다양한 상호작용이
일어날 수 있음을 배제하지 않는다고 분명히 밝히고 있다. 곧 "자율성은
체계와 환경 사이의 인과적 작용연관을 배제하지 않으며 이런 인과관계
의 복잡성과 강도(불가항력)에 대해서도 아무것도 말하지 않는다"(같은
곳: 291).
20. Varela, "Autonomie und Autopoiese", 1987.

체계는 세포처럼 구성요소들을 화학적으로 생산하는 재귀
적 그물인 반면에, 생물계 안팎에서 어느 정도 자율성을
보이는 다른 체계들은 조직적으로 닫힌 체계로 보아야 한
다. 여기서 조직적으로 닫힌 체계란 "구성요소들의 상호작
용으로 이루어진 그물인데, 이때 이 구성요소들은 (1) 상
호작용을 통해 이것들을 산출한 상호작용 그물을 재귀적
으로 재생regenerieren하고 (2) 구성요소들이 존재하는 공간
에서 …… 이 그물을 개체로서 실현한다"[21]. 예컨대 신경계
는 시냅스를 통한 전기화학적 상호작용을 통해 또 다른 전
기화학적 상호작용을 낳을 뿐 뉴런 같은 신경계의 구성요
소들을 화학적으로 재생산하지는 않으므로 조직적으로 닫
힌 체계일 뿐 자기생산체계는 아니라는 것이다. 그리고 조
직적으로 닫힌 체계들의 경우에 "이런 개체의 적절한 이해
는 개체의 조직 및 작동방식과 매우 밀접하게 결합되어 있
으며" 바로 이런 사정은 해당 체계의 "자율성, 곧 체계의
작동을 통한 체계 정체성의 확인"을 함축한다고 바렐라는
말한다.[22]

우리는 여기서 두 가지를 확인할 수 있다. 첫째로 바렐
라가 새로 제안한 자율성 개념은 더 이상 '생산자와 생산

---

21. 같은 글, p. 121.
22. 같은 글, p. 120.

물, 존재와 행위의 통일'에 기초하지 않는다는 점이다. 왜냐하면 이런 통일은 구성요소들을 실제로 재생산하는 자기생산체계에나 의미 있게 적용될 수 있기 때문이다.[23] 둘째로 여기서 "체계의 작동을 통한 체계 정체성의 확인"이라는 자율성 개념은 명백히 체계의 행동 수준이 아니라 구조 수준에서 확인 가능한 사태이며, 따라서 바렐라가 제안한 조직적으로 닫힌 체계는 체계의 행동 수준에서 자율성을 산출할 결정론적 체계가 아님이 분명하다. 실제로 바렐라는 "자율성이라는 막연한 개념을 조직적 폐쇄성이라는 개념과 동치äquivalent시킨다"고 말한다![24] 나아가 "체계의 작동을 통한 체계 정체성의 확인"이라는 자율성 개념은 어찌 보면 조직적으로 닫힌 체계뿐만 아니라 (우리가 체계를

---

23. 바렐라가 자기생산을 구성요소들의 화학적 생산으로 한정하게 된 한 가지 이유는 다른 학자들이 사회적 체계 같은 비생물학적 체계들까지 자기생산체계라고 부름으로써 자기생산 개념이 지나치게 부풀려졌다고 느꼈기 때문일 것이다. 그러나 Luhmann(예컨대 1987: 193쪽 이하와 346쪽 이하)처럼 존재를 또는 체계의 구성요소를 철저하게 작동의(operational) 관점에서 비실체적으로 이해한다면 조직적으로 닫힌 체계에 대해서도 '생산자와 생산물, 존재와 행위의 통일'을 이야기하는 것이 가능하다. 곧 Luhmann에게 의식체계의 구성요소는 뉴런이 아니라 개별 생각들이며 소통체계의 구성요소는 말할 줄 아는 개인이 아니라 정보, 통지, 그리고 정보와 통지의 차이에 대한 이해이다. 이렇게 철저하게 작동의 관점에서 구성요소를 정의하면 한 생각이 또 다른 생각을 낳는 의식체계와 한 소통이 또 다른 소통을 낳는 소통체계도 '생산자와 생산물, 존재와 행위의 통일'이 실현된 자기생산체계라고 말할 수 있을 것이다.
24. Varela, "Autonomie und Autopoiese", p. 124.

과학적으로 다룰 때 가정해야만 하는 방법론적 가정인) 구
조결정된 모든 체계에 해당하는 것은 아닐까? 조직적으로
닫힌 체계의 경우에 "개체의 적절한 이해는 개체의 조직
및 작동방식과 매우 밀접하게 결합되어 있다"는 바렐라의
설명은 구조결정된 체계를 적절히 이해하기 위한 방법론
적 요구조건이 아니었던가? 이렇게 볼 때 조직적으로 닫
힌 체계와 구조결정된 체계의 개념적 차이에 대한 추가적
명료화 작업이 필요해 보인다.

자기생산체계이론에서 자율성이 논의되는 세 번째
맥락은 체계와 환경의 상호작용과 관련되어 있다. 마뚜
라나와 바렐라는 자율적 개체들이 결합해 생긴 메타체계
Metasystem들을 그것들의 구성요소가 얼마나 자율적인가를
기준으로 분류한 바 있다.[25] 이 분류에 따르면 유기체는 최
소의 자율성을 가진 구성요소들로 이루어진 메타체계이
다. 왜냐하면 유기체가 세포들의 변이 가능성에 큰 제약을
가하는 환경으로 작용하기 때문이다. 반면에 인간의 사회
적 체계는 개인들이 유기체로서 뿐만 아니라 언어적 존재
로서도 정체성을 유지해야 하기 때문에 최대의 자율성을
가진 구성요소들로 이루어진 메타체계이다. 마뚜라나와
바렐라를 인용하자면, "유기체는 그것을 이루는 개체들의

---

25. 마뚜라나 · 바렐라, 『앎의 나무』, 225~7쪽.

에셔(M. C. Escher, 1898~1972)의 〈화랑〉(Print Gallery), 1956

개별적 창조성을 제한한다. 곧 개체들이 **유기체**를 위해 존재한다. 인간의 사회적 체계는 구성원들의 개인적 창조성을 넓힌다. 곧 체계가 **구성원들**을 위해 존재한다."[26]

필자는 여기서 마뚜라나가 말하는 '언어적 존재'나 '개인적 창조성' 등에 대해 자세히 논하지 않을 것이다. 다만

---

26. 같은 책, 226쪽.

필자는 여기서 두 가지를 지적하고 싶다. 첫째로 이 경우에 자율성 개념은 앞의 두 경우와 달리 (세포 또는 개인이라는) 체계와 (유기체 또는 사회라는) 환경의 상호작용 맥락에서, 곧 체계의 행동 수준에서 이해되고 있다는 점이다. 그리고 이렇게 이해된 자율성 개념은 (다시 말해 세포들은 개별적 창조성이 제한받고 있으므로 덜 자율적이고 개인들은 창조성을 넓힐 기회가 비교적 많으므로 더 자율적이라는 관념은) 우리가 일상생활에서 이야기하는 자율성 개념에 앞의 두 경우보다 더 근접해 있는 것처럼 보인다. 둘째로 필자는 이렇게 체계의 행동 수준에서 이해된 자율성이 체계의 구조 수준에서 이해된 자율성과 거의 무관하다는 점을 강조하고 싶다. 이 점은 자기생산체계의 가장 대표적 예인, 따라서 '존재와 행위의 통일'이라는 구조적 자율성을 가장 잘 실현한 세포가 유기체라는 환경 속에서 '개별적 창조성'이라는 행동적 자율성을 최소로 실현하고 있다는 마뚜라나의 말에서 바로 확인된다! 마찬가지로 개인의 행동이 얼마나 자율적이든 상관없이 (예컨대 개인이 사회적 관계 속에서 주인으로서 행동하든 노예로서 행동하든 상관없이) 그것은 자기생산체계이론의 설명에 따르면 개인의 구조적 자율성의 표현인 것이다!

이상의 논의를 정리해 보자. 자기생산체계이론이 추구하는 과학적 또는 기계론적 설명은 설명할 현상과 동형의 현상을 산출할 결정론적 체계를 제시하는 것, 다시 말해 설명할 현상이 무엇으로 구성되어 있는가를 밝히려는 구조적 설명의 형태를 띤다. 그리고 이런 과학적 설명의 틀 안에서 마뚜라나와 바렐라는 무엇보다도 생물의 자율성에 대한 구조적 설명을 제시하고자 했다. 그러나 그 결과는 필자가 보기에 실망스러운 것이다. 왜냐하면 앞에서 살펴보았듯이 자기생산체계 또는 조직적으로 닫힌 체계가 자율성을 산출하는 결정론적 체계로서 제시되는 맥락에서 자율성은 생물의 행동 수준이 아니라 구조 수준에서 규정되고 이해될 수 있는 사태인 것처럼 보이기 때문이다. 그리고 만약 정말로 그렇다면 이런 설명방식은 온전한 기계론적 설명으로 간주되기 어렵기 때문이다.[27] 게다가 '존재와 행위의 통일'이라는 구조적 자율성을 가장 잘 실현하고 있는 세포가 '개별적 창조성'이라는 행동적 자율성을 최소로 실현하고 있다는 마뚜라나의 설명은 구조 수준에

---

27. 생물의 자율성 명제와 함께 자기생산체계이론에서 중요하게 제기하는 또 다른 명제는 생물의 인지활동이 세계를 반영하기보다 산출한다는 반실재론적(anti-realist) 주장이다. 필자는 이것도 인식의 문제를 체계의 행동 수준이 아니라 구조 수준에서 규정함으로써 생기는 불완전한 명제라고 다른 곳에서(Choe 2008: 158~171) 비판한 바 있다.

서 이해된 자율성과 행동 수준에서 이해된 자율성 사이에
의미 있는 연관관계가 존재하지 않음을 스스로 고백하는
셈이다.[28]

지금까지 우리는 생물을 자율적 존재로 간주하는 대표
적인 생물학적 접근으로서 자기생산체계이론에 대해 살펴
보았다. 다음 장에서는 개인을 자율적 존재로 간주하는 대
표적인 심리학적 접근 중의 하나로서 비판심리학에 대해
살펴보기로 하겠다.

비판심리학 : 통제과학 대 주체과학

정신분석, 행동주의, 인지심리학으로 이어지는 주류 심
리학이 현재의 사회적 지배관계를 유지하는 데 이용된다고

---

28. 심지어 마뚜라나의 다음과 같은 말은 행동의 구조적 설명이 불가능하다
고까지 주장하는 것처럼 보인다. "이때 모든 또는 일부 상태변화의 특징으
로서 행동은 유기체나 생물에 속하지 않는다. 오히려 행동은 유기체나 생
물과 (관찰자가 그것을 구별하고 관찰하는 맥락인) 환경 사이의 관계이
다. 이런 의미에서 유기체나 생물의 구성요소인 신경계는 행동을 산출하
지 않는다. 신경계는 그저 그것을 통합하고 있는 체계의 역동적 상태변화
에 관여할 뿐이다. 그러나 관찰자에게 신경계는 그것이 관여하는 유기체
나 생물의 상태변화를 관찰자가 환경과 관련시켜 유기체나 생물의 형태
및 위치 변화로 관찰하고 기술하는 만큼 행동의 생성에 관여하는 것처럼
보인다." (Maturana 1983: 62).

비판하면서 사회변혁의 전망 속에서 심리학 연구를 추진하는 세력을 가리켜 흔히 비판적 심리학critical psychology 또는 급진심리학radical psychology이라고 부른다. 이 글에서 다루고자 하는 비판심리학도 이런 비판적 심리학의 하나이다. 비판심리학은 1970년대에서 1980년대에 걸쳐 독일 베를린 자유대학에서 독자적인 학파와 비슷한 형태를 갖추게 되면서 다른 비판적 심리학들과 구별하기 위하여 대문자 K를 사용해 비판심리학Kritische Psychologie이라고 불리게 되었다. 어찌 보면 비판심리학은 1960년대 말엽 서독 정부의 권위주의적 행태에 저항했던 독일 학생운동의 산물이다. 당시 학생운동에서는 심리학을 포함해 여러 학문들이 지배집단의 통치도구로 사용되고 있다고 비판했는데, 이런 비판을 적극 수용한 몇몇 연구자들이 사적 유물론의 철학적 토대 위에서 인간의 해방적 전망을 추구하는 심리학 체계를 발전시키게 되었으며 그 중심에 섰던 사람이 바로 홀츠캄프였다.

일반화된 행위능력과 제한적 행위능력

우선 『자본론』의 한 구절을 읽어보자.

따라서 노동과정은 일단 모든 특정한 사회적 형태와 무관

(반체제 인사의 탄압에 이용된) 직업금지법 반대 행동위원회(Aktionskomitee gegen Berufsverbote)의 대회 장면. 홀츠캄프는 오른쪽 끝에 앉아 있다.

하게 고찰될 수 있다. 노동은 일단 인간과 자연 사이의 과정이다. 다시 말해 인간이 자신의 활동을 통해 자연과 주고 받는 물질대사를 매개하고 조정하며 통제하는 과정이다. 인간은 스스로가 자연의 힘으로서 자연의 물질과 대면한다. 인간은 자신의 몸에 딸린 자연의 힘을, 팔과 다리, 머리와 손을 작동시켜 자연의 물질을 자신의 삶에 유용한 형태로 획득한다. 인간은 이런 운동을 통해 자기 밖에 있는 자연에 작용을 가하고 그것을 변화시킴으로써 동시에 자기 자신의 본성을 변화시킨다.[29]

스스로가 자연의 힘으로서 자연과 대면하는 인간은 일

---

29. Karl Marx, *Ökonomisch-philosophische Manuskripte*, MEW Ergän -zungsband 1, 1844.

단 자연적 존재Naturwesen로, 다시 말해 생물로 이해될 수 있다. 인간 이외의 생물도 환경과 작용을 주고 받는다. 그리고 이런 상호작용을 통해 생물과 환경은 공진화할지도 모른다. 그러나 이런 공진화와 인간의 역사를 구별하게 만드는 한 가지는, 맑스가 지적한 것처럼, 인간의 경우에는 자연을 변화시킴으로써 인간 자신의 본성도 변화시킨다는 점일 것이다.[30] 그리고 이런 의미에서 인간의 주체성은 역사 속에서 전개되는 매개된 자기규정, 곧 세계규정을 통한 자기규정이라 하겠다. 생물은 공진화 속에서도 여전히 자신의 본능에 충실한 자연적 존재로 남아 있으며 자연과 상호작용하는 생물의 기본 활동형태는 적응이다. 반면에 인간은 자연과 주고 받는 물질대사를 통해 자신의 본성을 계속 변화시키는 역사적 존재가 되며 이때 인간의 기본 활동형태는 노동이다. 그리고 우리가 생물의 여러 행동적 또는 상태적 속성들을 생물의 기본 활동형태인 적응의 맥락에서 관찰하고 해석하는 것처럼, 인간의 여러 행동적 또는 상태적 속성들은 인간의 유적 활동인 노동의 맥락에서 관찰되고 해석되어야 한다는 것이 비판심리학의 입장이다.

---

30. 이런 의미에서 맑스(MEW Ergänzungsband 1: 541)는 "[인간: 필자] 오감의 형성은 지금까지 이어져온 전체 세계역사의 작용 결과이다 (Die Bildung der 5 Sinne ist eine Arbeit der ganzen bisherigen Weltgeschichte)"라고 말하기도 했다.

바꿔 말하면 비판심리학의 주요 관심 중의 하나는 인간이 노동을 통해 자연을 변화시키고 그럼으로써 인간 자신의 본성도 변화시킨다는 맑스의 인간학적 통찰을 개인 심리학의 수준에서 구현하는 것이다. 이에 대해 홀츠캄프는 다음과 같이 말한다.

> 이제 비판심리학이 시도하는 것은 이 연관을 개인의 수준에서도 실현하는 것이다. 다시 말해 개인이 그저 사회적 관계에 의해 규정되어 있다고 보는 통상적인 관점에 반대하면서 인간이 사회적 조건의 영향을 받음과 동시에 이 조건을 스스로 만들어 내기도 한다는 이 이중적 관계를 바탕으로 심리적인 것 또는 주관성[에 대한 이론 : 필자]을 발전시키는 것이다. …… 우리는 우리의 삶의 조건을 생산한다. 다시 말해 개인은 그가 살고 있는 조건의 생산, 변화, 확증, 재생산에 어떤 형태로든 관여하고 있다. 그리고 이 연관을 심리학적으로 구체화하는 것이 우리의 중심 과제이다.[31]

인간의 본성이 자연적인 것에서 역사적이고 사회적인 것으로 막 옮아가던 시점인 원시공동체 사회에서는 인간

---

31. Klaus Holzkamp, "Grundkonzepte der Kritischen Psychologie". In: AG Gewerkschaftliche Schulung und Lehrerfortbildung (Hrsg.), *Wi(e)der die Anpassung. Texte der Kritischen Psychologie zu Schule und Erziehung*, Verlag-Schulze-Soltau, 1987: 13~4.

의 삶을 재생산하기 위한
자연과의 물질대사가 직접
적이고 직관적인 협업의 형
태를 띠었다. 따라서 사회
적 재생산에 참여하는 각
개인의 역할도 직접적으로
이해될 수 있었다. 그러나
점차 사회체계가 자립성을

클라우스 홀츠캄프(Klaus Holzkamp, 1927~1995)

띠게 됨에 따라 개인이 체계의 재생산에 당장 직접 관여하
지 않아도 체계의 재생산과 함께 개인의 재생산이 덩달아
이루어지는 상황이 벌어지게 되었다. 다시 말해 사회 전체
로 볼 때는 여전히 개인들의 활동이 있어야만 사회체계가
유지되므로 사회적인 행위필요성이 존재하지만 이런 사회
적 행위필요성이 이제 개인의 입장에서는 매순간 사회적
재생산에 참여할 수도 있고 안 할 수도 있는 행위가능성으
로 나타나게 된다. 그리고 이런 상황 변화와 함께 주관성
의 새로운 형태가 등장하게 되었다고 홀츠캄프는 말한다.
다시 말해 사회적 재생산과의 직접적인 연관에서 어느 정
도 자유로워짐에 따라 개인이 자신을 주체로, 곧 자기 행
위의 근원으로 경험할 수 있는 조건이 마련되었으며 사회
체계의 재생산과 분리된 일상세계가 개인의 직접적인 환

경으로 등장하게 되었다고 말한다.

이렇게 "사회적 전체체계를 유지해야 하는 삶의 필요성과 [그것으로부터 어느 정도 분리된 : 필자] 각 개인의 주관적인 삶의 필요성 사이의 매개관계"[32]를 개념화하기 위해 홀츠캄프는 행위능력Handlungsfähigkeit이라는 개념을 제안한다. 여기서 행위능력이란 단순히 개인의 행위가능성을 뜻하는 것이 아니라 개인적 재생산과 사회적 재생산을 매개하는 개념으로 이해되어야 한다. 다시 말해 행위능력이란 "다른 사람들과 연대하여 내게 그때그때 개인적으로 중요한 생활조건에 대한 지배력을 획득할 수 있는 능력"[33]으로 정의된다. 홀츠캄프에게 이렇게 정의된 행위능력이란 인간의 또는 인간다운 삶의 가장 일반적인 차원이며 반대로 행위무능력이란 사회적 관계에 예속된 인간의 비극과 불안과 부자유의 가장 일반적인 차원이다.[34] 따라서 홀츠캄프는 개인의 심리현상들을 올바로 이해하려면 행위능력의 맥락에서 심리현상들을 분석해야 한다고 주장한다. 예컨대 누가 배고픔을 느낀다면, 이때 배고픔은 당장 먹을 것이 없어서 느끼는 고통일 뿐만 아니라 배고픔을 느낄 수밖

---

32. 같은 글, p. 14.
33. 같은 글, 같은 쪽.
34. Klaus Holzkamp, *Grundlegung der Psychologie*, Campus Verlag, 1983: 243.

에 없는 처지에 있기 때문에 느끼는 고통일 수 있다는 것이다. 다시 말해 모든 결핍체험은 그런 결핍상황의 극복 가능성의 문제와, 다시 말해 행위능력의 문제와 결부되어 있으며, 이렇게 행위능력과 결부시킬 때 비로소 개인의 심리현상을 사회적 관계에서 고립된 개인 현상으로 다루는 대신에 자신의 생활조건을 스스로 만들고 변화시켜 간다는 주체적 관점에서 파악할 수 있다는 것이다.

홀츠캄프는 개인이 이런 상황에서, 특히 자본주의 사회에서 행위능력을 두 가지 방식으로 추구할 수 있다고 말한다. 하나는 매순간 구체적인 상황 속에서 사회적 생활조건에 대한 지배가능성을 실현하려고 노력하는 것이고(일반화된verallgemeinerte 행위능력), 다른 하나는 현존하는 관계 속에서 지배세력에 협조함으로써 개인적 재생산을 추구하는 것이다(제한적restriktive 행위능력). 또한 제한적 행위능력은 결국 다른 피지배자에 대한 통제를 통해 가능하므로 이런 상황에서 사람들 사이의 관계는 서로를 도구화하고 경쟁하는 형태를 띨 수밖에 없다. 홀츠캄프는 개인의 삶에 문제가 생기는 매순간에, 다시 말해 개인의 주체성 또는 자기규정이 위협받는 매순간에 과연 타협할 것인지 아니면 자신의 생활조건에 대한 지배력을 조금이라도 더 확장할 것인지 선택의 기로에 서게 된다고 말한다. 그리고 행위능력의 이런 이중성이 우리의 심리현상에도 그대로 반영된다고 말한다. 곧 일반화된 행위능력을 추구할 때 우리의 정서는 사회적 생활조건에 대한 지배에서 배제된 상태에 대한 당혹감 또는 지배력을 확장했을 때 느끼는 기쁨과 같은 형태로 우리의 인식을 이끄는 기능을 하는 반면에, 제한적 행위능력의 맥락에서 정서는 삶의 문제와 유리되어 순전히 내면적인 사태로 경험된다. 또 일반화된 행위능력의 맥락에서 우리의 동기는 자신의 삶의 조건에 대한 지배력을 확장하고 자신의 삶의 질을 향상시키려는 목표와 맞물려 자연스럽게 작동하는 반면에, 제한적 행위능력의 맥락에서 동기는 결국 남이 부여한 목표가 내면화된 내적 강제 또는 프로이트가 말한 초자아의 형태를 띠게 된다.

개인 행동에 대한 조건모형 대 정당화모형

비판심리학에 따르면 부르주아 심리학 또는 주류 심리학은 이런 제한적 행위능력을, 다시 말해 사회적인 전체연관에서 유리된 일상 속에서 기존 지배관계에 적응하려는 인간의 행동과 심리를 마치 보편적인 것인 양 묘사하고 있을 뿐이다. 주류 심리학에서 인간은 주위 환경에 직접적으로 노출되어 있는, 다시 말해 사회적 전체연관의 매개 없이 노출되어 있는 자연적 존재로 개념화된다. 그리고 이렇게 이해된 인간이 주위 조건에 어떻게 반응하는지를 연구할 뿐 인간이 이런 조건을 만들었고 또 바꿀 수도 있다는 점은 고려되지 않는다. 전형적인 심리학 실험에서 환경 조건은 독립변인으로 개념화되고 그런 조건에 대한 피험자의 반응은 종속변인으로 개념화된다. 실험 조건은 언제나 실험자에 의해서만 변경될 수 있으며 피험자는 실험자가 설정한 조건에 대해 그저 이러저러하게 반응할 수 있을 뿐이다. 그리고 이때 실험자의 연구관심 밖에 있는 피험자의 주관성은, 예컨대 피험자가 실험자의 지시에 따르지 않는다거나 실험 상황을 엉뚱하게 해석한다거나 일부러 거짓 반응을 보인다거나 하는 등의 모든 주관적 요소들은 독립변인과 종속변인의 관계를 파악하는 데 방해가 되는 교란요인으로 취급될 뿐이다. 그리고 이런 실험 상황을 통제하는 유일한 주체인 실험자는 심리학 연구의 범위 밖에 있는 존재이다. 홀츠캄프는 이런 조건모형Bedingtheitsmodell에 기초한 심리학이 현존 사회의 지배관계를 연구 상황에서 재현하고 있는 통제과학Kontrollwissenschaft이라고 비판한다.[35]

---

35. Klaus Holzkamp, "Der Mensch als Subjekt wissenschaftlicher Methodik," in: Braun, K. - H., Hollitscher, W., Holzkamp, K. & Wetzel, K. (Hrsg.), *Karl Marx und die Wissenschaft vom Individuum*, Verlag

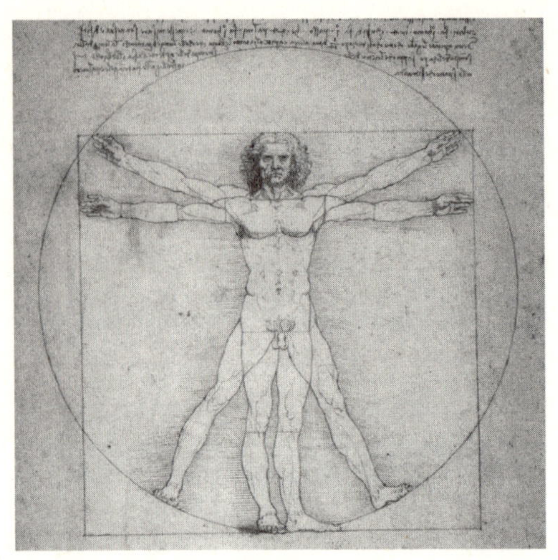

레오나르드 다 빈치, 〈비트루비안 맨〉(Vitruvian Man), 1492

이에 반해 주체과학Subjektwissenschaft이고자 하는 비판 심리학은 인간의 행위를 적절하게 연구하고 이해하기 위한 방법론적 틀로서 정당화모형Begründungsmodell을 제안한다. 홀츠캄프에 따르면 실천적인 삶의 연관 속에 있는 인간의 행위는 정당화의 맥락 속에서 비로소 제대로 이해될 수 있다. 실천적인 삶의 연관 속에서 행위의 정당화란 행위의 이유와 행위의 결과 사이의 순전히 논리적인 관계와는 다른 것이며 현상학에서 말하는 순수한 '지향성'Intentionalität과

Arbeiterbewegung und Gesellschaftswissenschaften, 1983 참조.

도 구별되는 것이다. "그때그때의 구체적인 상황 속에서 …… 행위자의 이해(욕구, 이익 따위)로부터 행위의 이유가 도출될 수 있을 때, 따라서 이런 의미에서 그의 행위가 '충분히 근거 있는', 다시 말해 '이성적인' 또는 '합리적인' 것으로 보일 때, 자신의 또는 타인의 행위는 '근거 있는' 또는 '이해될 수 있는' 것으로 파악된다".[36] 우리가 이런 정당화의 맥락 속에서 타인의 행위를 '근거 있는' 또는 '이해될 수 있는' 것으로 파악하지 못할 때 타인의 행위는 비합리적인 또는 이해할 수 없는 것이 되며 이럴 때 타인은 그저 '이유' 없는 여러 인과적 작용들의 대상으로 간주될 뿐이다. 다시 말해 우리는 "인간의 **모든** 활동에 대해, 따라서 그것이 나에게 완전히 불가사의하게 또는 말도 안 되게 보일 때조차, 그 활동을 '행위'로서, 다시 말해 (경우에 따라서는 내가 모르는 또는 알 수 없는 행위의 전제에 비추어) '근거 있는' 또는 '이해될 수 있는' 것으로 간주하거나 아니면 그 활동을 '근거 없는', '비합리적인' 것으로 간주해서 타인에 대한 상호주관적 관계를 연기하게 되는 양자택일의 기로에 서 있다".[37] 여기서 홀츠캄프가 말하는 양자택일이란

---

36. Klaus Holzkamp, "Die Verkennung von Handlungsbegründungen als empirische Zusammenhangsannahmen in sozialpsychologi- schen Theorien", in: *Forum Kritische Psychologie* 19, 1987: 26.
37. op. cit., p. 28.

인간이 합리적 존재인가 아니면 비합리적 존재인가라는 사실의 문제가 아니다. 오히려 이것은 우리가 타인을 공동주체Mitsubjekt로 인정하여 그 사람의 '행위의 이유'Grund einer Handlung에 관심을 가질지 아니면 타인을 상호주관적 소통의 영역에서 배제하여 그 사람의 '행동의 원인'Ursache eines Verhaltens에만 관심을 가질지를 결정해야 하는 결단의 문제이다.

결론 : 자율성의 세 차원

이상의 논의를 종합해볼 때 우리는 인간의 자율성 또는 주체성을 크게 세 차원에서 이해할 필요가 있어 보인다. 첫째는 현대 사회의 '상식'적인 의미에서 개인의 자율성이다. 우리는 흔히 개인이 외적 강제 대신에 자유로운 결정을 바탕으로 행동하는 것처럼 보일 때 그런 개인을 자율적 또는 주체적 개인이라고 말한다. 이런 자율성 개념은 특히 중세의 종교적 · 신분적 속박에 저항하면서 자유롭고 합리적인 개인이라는 근대 개인주의 사상이 발전함과 동시에 일반화된 듯하다. 둘째는 맑스가 말하는 유적존재Gattungswesen로서 인간의, 다시 말해 인류 전체의 주체성이다. 유적 존재로서 인간이 환경과 상호작용하면서 환경을 변화시키고 그럼으로써 인간 자신의 본성도 변화시킨다는 맑스의 이해는 근대의 개인적 자율성 개념을 집단적 주체에까지 확장한 것이라 하겠다. 셋째는 마뚜라나가 말하는 (인간을 포함한) 생물의 자율성이다. 마뚜라나가 말하는 '생산자와 생산물, 존재와 행위의 통일'이라는 의미의 자율성은 (또는 바렐라가 말하는 '체계의 작동을 통한 체계 정체성의 확인'이라는 의미의 자율성은) 근대의 개인적 자율성 개념을 개인의 행동 수준에서 생물 종의 구조 수준으로 옮겨 놓고 있다.

맑스와 마뚜라나는 근대의 개인적 자율성 개념을 집단 수준으로 또는 생물 종의 구조 수준으로 확장함으로써 근대 사회 이래로 인간 이해의 중심 개념으로 자리 잡은 자율성의 개념적 지평을 넓히는 데 기여했다. 그러나 다른 한편으로 이렇게 확장된 자율성 개념은 원래의 개인적 자율성과 상당한 정도로 무관해 보인다. 우선 자기생산체계 이론의 경우에 구조적 자율성과 행동적 자율성은 마뚜라나 스스로가 그렇게 다루듯이 서로 별개의 문제이다. 그리고 맑스의 집단적 주체성도 필자가 보기에는 여러 면에서 개인의 자율성과 매우 다른 사태인 것처럼 보인다. 우선 맑스가 가장 추상적인 수준에서 인간과 자연의 물질대사

과정으로 묘사하는 인류 전체의 주체성이란 "모든 특정한 사회적 형태와 무관하게 고찰"(앞의 인용문 참조)될 수 있는 사태이다. 다시 말해 노동을 통해 자연을 변화시키고 그럼으로써 인간 자신의 본성도 변화시킨다는 사태는 노동이 계급적 형태를 띠든 공동체적 형태를 띠든, 곧 개인의 자율성 또는 타율성이 노동의 사회적 형태에 따라 어떻게 규정되든 상관없이 언제나 관철되는 사태이다.[38]

집단 또는 구조 수준으로 확장된 자율성 개념이 행동 수준의 개인적 자율성과 상당히 무관하다고 말할 수 있는 또 다른 근거는 비판심리학과 자기생산체계에서 개인적 자율성을 논의하기 위해 또 다른 장치를 끌어들인다는 사정에서도 찾아볼 수 있다. 곧 비판심리학에서 홀츠캄프는 개인의 자율성을 의미 있게 논의하기 위해 행동의 원인을 묻는 인과론적 관점과 행위의 이유를 묻는 해석학적 관점을, 다시 말해 인과론적 조건모형과 해석학적 정당화모형을 대립시킨다. 이런 해석학적 관점은 노동을 통해 자연과 인간 자신을 변화시킨다는 인류 전체의 주체성 개념이 인과론적 관점에서 충분히 서술 가능하다는 사실과 뚜렷하게 대조된다. 다시 말해 비판심리학에서 개인의 자율성은

---

38. 물론 프롤레타리아 같은 특정 집단의 주체성은 사회적 관계의 영향을 받는다는 점에서 개인의 자율성과 비슷한 맥락에 놓여 있다는 점을 인정해야 할 것이다.

무엇보다도 해석학적 관점에서 논의되는 반면에 인류 전체의 주체성은 인과론적 관점 안에 머물러 있는 것처럼 보인다. 그리고 이와 비슷한 사정은 자기생산체계이론에서도 발견된다. 앞에서도 살펴보았듯이 마뚜라나의 견해에 따르면 사회적 체계 안에서 개인이 비교적 큰 자율성을 누리는 까닭은 개인이 유기체로서 뿐만 아니라 언어적 존재로서도 정체성을 유지해야 하기 때문이다. 마뚜라나에게 개인의 자율성은 개인이 자기생산체계이기 때문이 아니라 개인이 '언어 안의 존재'In-der-Sprache-Sein 39이기 때문에 가능한 사태인 것이다.

비판심리학과 자기생산체계이론은 한편으로 근대의 개인적 자율성 개념을 집단 또는 구조 수준으로 확장했지만 다른 한편으로 개인적 자율성을 의미 있게 논의하기 위해 해석학적 관점 또는 언어적 맥락을 다시 끌어들임으로써 결과적으로 집단 또는 구조 수준으로 확장된 자율성이 원래의 개인적 자율성과 상당히 무관한 사태라는 점을 스스로 고백하고 있는 것처럼 보인다. 비판심리학과 자기생산체계이론은 인간의 행위에 대한 해석학적 관점 또는 언어적 맥락 속에서 비로소 개인의 자율성에 대한 과학이 가능할 것이라는 점을 간접적으로 시사하고 있는 듯하다.

---

39. 움베르또 마뚜라나 · 프란시스코 바렐라, 『앎의 나무』, 237쪽.

4장

포획적 인지장치로서의 자본

조정환

인지자본주의』의 스펙트럼

생명, 인지, 그리고 장치

맑스의 자본 개념과 포획적 인지장치로서의 자본:『자본론』51장

생물권력, 삶권력, 그리고 생명권력

『인지자본주의』의 스펙트럼

오늘이 어제 같고 내일도 오늘 같으리라고 예상되는 시대에 사람들은 하늘의 별의 안내를 따라 살거나 기억, 습관, 규칙에 따라 살아갈 수 있었다. 하지만 끊임없이 새로운 상황이 발생하면서 지금 우리가 겪고 있는 것들이 어디서 기원하는 것인지, 어디로 향하는 것인지 알 수 없는 시대에 우리는 매순간에 기억, 습관, 규칙을 의심하고 새로운 결정을 내려야 한다. 오늘날이 바로 그러하다. 새로운 것들이 홍수를 이루고 낡은 것들은 하루가 멀다 하고 무너져 내린다. 세계최강국 미국에서 금융위기가 폭발한 뒤 미국 국채의 신용등급이 하향조정되고 원전강국 일본이 제2의 체르노빌로 추락한다. 세계 어느 곳에서나 노동은 나날이 불안정하게 되고 정규직 노동운동은 빠르게 보수화된다. 근대적 대안들이 무력해지자 사람들은 모든 것들이 변했다며 시류에 적응하려고 몸부림치거나, 변화는 신기루일 뿐이라며 종교, 자연, 국가와 같은 오래된 것들에 의탁한다. 이런 가운데, 이른바 '암흑의 대륙' 아프리카에서는 새로운 유형의 혁명이 폭발하여 아랍권 전체, 아니 세계 전체를 변화의 소용돌이 속으로 끌고 들어간다. 하지만 어떤 변화가 가능한 것인지, 어떻게 변화하는 것이 좋을 것인지에 대한 해답은 명확하게 주어지지 않는다. 지금 우리가 선 자리가 어디인지가 모호하고, 어디로 가야할지를 결정하기가 어렵기 때문이다.

『인지자본주의』는 '어디로 가야할지'를 살피기 위해 '우리가 어디에서 와서 어디에 서 있는가?'를 묻는 책이다. 이 책은 우선, '모든 것이 변한(했)다'는 생각에 반대한다. 이것은 우리 시대의 주류적인 생각이다. 전 세계의 신자유주의자들은 자유화와 세계화의 이름으로 오래된 모든 것에 대항하는 십자군 전쟁을 벌였다. 경쟁력은 그들의 종교이며, 무기, 돈, 그리고 기술은 그들의 거룩한 삼위일체이다. 이기기 위해서는, 무기를 사용할 적을 만들고, 더 많은 사람을 부릴 수 있는 돈을 모으고, 남들이 따라잡지 못할 기술을 개발하라. 이것이 그들이 따르는 계명誠命이다. 오늘날 이들이 기대고 있는 것은 원자력(핵), 금융자본, 그리고 3T Information Technology—Bio Technology—Nano Technology 융합이며, 그것들이 생산하고 있는 것은 전쟁, 양극화와 위기, 자연과 생명의 조작이고, 이를 통해 조성되는 것은 대중적인 공포, 우울, 불안이다. 이들은 우리에게 말한다. 악에 현혹되지 말라, 저항하지 말고 순종하라, 미래가 있다고 생각하지 말고 현재에 만족하라, 지속하는 모든 것을 잊고 도래하는 변화를 즐기라. 『인지자본주의』는 이러한

신자유주의 논리에 반대한다.

이 책은 '아무 것도 변하지 않는(았)다'는 생각에도 반대한다. 이러한 생각들은 원시주의, 근본주의, 사회주의 등에 의해 표현된다. 자연, 종교, 국가, 이 세 가지가 아무 것도 변하지 않는다는 생각을 지탱하는 기둥들이다. 이 유형의 보수주의 흐름은 일체의 변화를, 위기를 심화시킬 뿐인 신기루로 간주한다. 원시주의자들은 자연생태를 지키는 것만이, 근본주의자들은 종교적 전통을 지키는 것만이, 사회주의자들은 산업전통을 지키는 것만이 살길이라고 말한다. 원시주의자들은 생태의 보전을, 근본주의자들은 움마Ummah와 같은 종교공동체의 사수를, 사회주의자들은 노동공동체로서의 국가의 장악을 사활적인 문제로 설정한다. 여기에서 새로운 모든 것은 환상일 뿐이며 실재하는 것은 오직 과거일 뿐이다. 신자유주의가 조성하는 공황, 불황, 위기의 현실과, 공포, 우울, 불안의 정서를, 이들은 추락과 붕괴의 징후로 재해석한다. 원시주의자들은 문명이 멸망하고 있다고, 근본주의자들은 서방이 추락하고 있다고, 사회주의자들은 자본주의가 붕괴하고 있다고 말한다. 신경제의 위기, 서브프라임 모기지 위기, 그리고 그에 이어진 세계경제위기는 연쇄적 멸망, 추락, 붕괴의 과정으로 표상된다. 필요한 것은 변화에 대항하는 투쟁이다. 전통을 지키기 위한 투쟁, 고용과 노동을 지키기 위한 투쟁, 국가를 지키기 위한 투쟁, 이것들이 신자유주의에 대항하는 이들의 성전 논리이다.

우리는 지구정치에서 이 두 논리의 변증법을 목격한다. 하나가 여당이 될 때 다른 하나가 야당이 되고 그 반대일 때 반대가 되는 방법으로, 서로가 서로에 의존하면서 이 두 가지 전략이 지구정치를 이끈다. 자본주의 세계체제에서 영토주의와 자본주의의 변증법,[1] 유럽에서 기독민주당과 사회당의 변증법, 미국에서 공화당과 민주당의 변증법, 아랍에서 신자유주의와 이슬람주의의 변증법, 러시아에서 보수파와 개혁파의 변증법, 아시아에서 중국과 일본의 변증법, 한국에서 보수와 진보의 변증법 ……. 이 변증법들은 창조론과 진화론, 목적론과 기계론의 변증법을 정치영역에서 재현한다. 이 변증법의 해체 없이 생명이 도약

---

1. 조반니 아리기, 『장기 20세기』, 백승욱 옮김, 그린비, 2008 참조.

하고 진화할 길은 막힌다.[2] 반복과 순환만이 가능하기 때문이다. 『인지자본주의』는 이 변증법적 순환의 구조를 명확히 밝힘으로써 그것을 대체할 실제적 대안이 어떻게 가능할 것인가를 숙고하려 한다. 이 책은 권력의 경제적 형태로서의 자본, 정치적 형태로서의 국가, 문화적 형태로서의 종교 등이, 사회적 방식으로 진화하는 인간 생명력을 감싸고 있는 사회적 울타리들이라는 관점에서 변화의 문제를 다룬다. 이 사회적 울타리들은 한편에서는 사회적 생명이 환경과 섭동할 수 있게 하지만 다른 한편에서는 사회체의 창발적 자기생성을 억제하여 사회적 진화를 가로막는다.[3] 『인지자본주의』는 생명의 자기생성활동은 물질형태를 취하는 인지과정이며 이것이 역사의 근본적 추동력이라는 관점에서 그 자기생성활동의 운동을 분석한다. 인간의 자기생성활동은 사회적 노동을 매개로 전개된다. 그래서 이 책은 근대의 역사적 자본주의들을 상업활동에 기초한 상업자본주의, 산업노동에 기초한 산업자본주의, 인지노동에 기초한 인지자본주의로 시기구분하고 특히 그

---

2. 생명의 도약과 진화에 대해서는 조정환, 「생명과 혁명 : 생명에 대한 정치철학적 사유를 위한 서설」, 『현대자본주의와 생명』, 맑스코뮤날레 조직위원회 엮음, 그린비, 2011 참조.
3. '섭동'과 '자기생성' 개념에 대해서는 움베르또 마뚜라나 · 프란시스코 바렐라, 『앎의 나무』, 최호영 옮김, 갈무리, 2007 참조.

중에서 노동의 인지화를 자기생성적 특징으로 삼는 인지자본주의의 내적 변화의 경향과 그 특징들을 밝힌다.

　여기에서, 『인지자본주의』 속에 서술되어 있는 내용들을 반복하는 것은 낭비적일 것이다. 하지만 문제의식을 갖고 이 책에 접근할 수 있도록 이 책의 핵심 명제 몇 가지를 소개하는 것은 필요한 것일 수 있다. 이 책은 우선, 자본주의가 인지자본주의로 이행하면서 신체는 물론이고 영혼도 노동하기 시작한다고 말한다. 교사, 의사, 간호사, 기자, 예술가, 지식인, 연구자, 연예인 등만이 영혼으로 노동하는 사람들이 아니다. 자동차나 배의 설계사나 디자이너, 씨앗 개발자, 부동산업자 등도 그러하다. 아니 모든 노동활동에서 영혼의 비중과 위치는 점점 높아지고 있다. 둘째로 이 책은, 현대자본주의를 제대로 이해하려면 가치법칙을 정치적으로 독해해야 한다고 말한다. 오늘날의 가치법칙은 '매개적으로' 정치적인 법칙을 넘어 '직접적으로' 정치적인 법칙으로 되고 있다. 경제학자들은 현대자본주의에서 가치법칙이 지속되고 있는가 아니면 끝났는가를 둘러싸고 오래 논쟁해 왔다. 이 책은 그 '경제학적' 논쟁이 '정치적' 평면에서만 해결될 수 있다고 주장한다. 셋째 이 책은, 유연화, 민영화, 세계화, 금융화, 정보화 등은 원시주의자, 근본주의자, 실재주의자 등이 주장하듯 환상도 아니고, 신자유주의자, 포스트모더니스트들이 주장하듯 유토피아를 실현할 근본적으로 새로운 기법도 아니며, 노동의 인지화에 대응하는 자본의 전략변경이라고 말한다. 다시 말해 노동의 인지화에 따라 착취와 지배의 방식도 인지화하고 있다는 것이다.

인지자본주의에서의 이러한 변화경향들이 사회적 삶에 여러 가지의 특징적 변화를 가져온다는 것이 이 책의 또 다른 주장이다. 우선 전통적 생산공간인 공장은 작업장, 사무실, 대학, 마트, 철로, 극장 등의 실재적이고도 가상적인 연결망으로서의 메트로폴리스로 전화하고, 노동시간은 시작과 끝을 갖는 공간형태를 넘어 초시간적 영원의 형태로 전화한다. 생산공장에서 움직이던 전통적 노동계급은 점점 실업자, 비정규직, 프리터 등으로 분산되며 그 결과 정치적인 것은 공장과 국가를 넘어 사회적 삶의 수준에서 생성된다. 중앙집중적이었던 지성이 연결망적 형태의 다중지성으로 재편되고 운동과 혁명에서도 인지적인 것의 위치와 역할은 커진다.

그런데 문제가 남아 있다. 나는 인지자본주의를 자본주의의 역사 속의 한 단계로 설정했다. 상업자본주의와 산업자본주의 뒤에 인지자본주의가 온다고. 그런데 마뚜라나와 바렐라의 인지과학은 생명활동이 곧 인지활동이라고

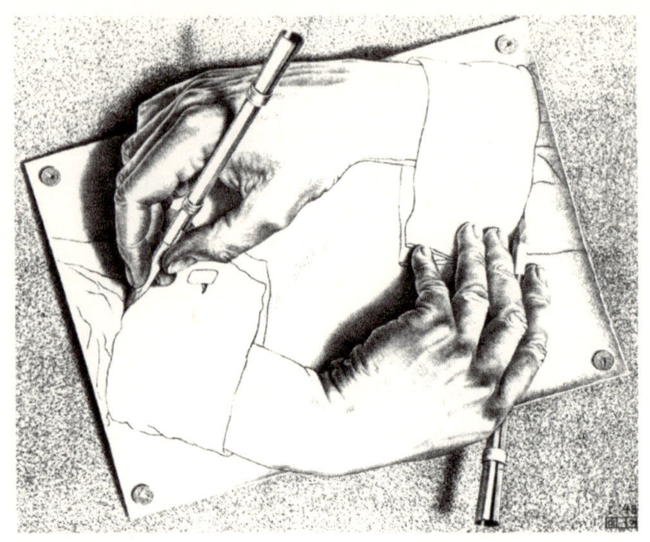

M. C. 에셔, 〈그림 그리는 손〉, 1948

말한다. 이런 의미에서는 생명체 자체가 인지장치라고 해도 과언이 아니다. 이 보편적인 인지활동과 편재적인 인지장치가 어떻게 최근의 자본주의에서 특수하게 문제로 되고 있는 것일까? 이 글은 이 간극에 접근하고 또 그것을 사유해 보기 위한 하나의 시도이다. 자본은 생명체가 인지장치라는 의미에서, 진화가 낳은 성공적인 인지장치인가? 아니면 인지장치의 오작동 혹은 오작동하는 인지장치로서 진화의 장애물인가? 인지자본주의는 자본주의의 모든 역사를 일컫는 것인가, 아니면 자본주의의 최근의 국면을 일컫는 것인가? 이 글은 우리를 어리둥절하게 하는 이 물음들을 지속하기 위해, 우리가 서 있는 자리, 즉 상품commodity과 공동체community가 에셔의 손처럼 맞물려 있는 세계를 확인함과 동시에, 이 둘이 지금 경험하고 있는 악순환의 관계를 변형할 수 있는 길이 무엇인지를 타진하고자 한다.

생명, 인지, 그리고 장치

정상작동하고 있는가 오작동하고 있는가를 떠나서, 일단 자본을 인지장치로 이해하고자 할 때, 우리는 장치를 단순한 도구, 수단 등으로 보는 통념으로부터 거리를 두어야 한다. 장치로서 자본을 이해한다는 것은 자본을 단순히 자연법칙처럼 주어지는 경제적 관계로서 이해하기보다 하나의 **정치적 전략**으로서, 인지적 전략으로 이해하는 것을 의미한다. 아니, 그것은 흔히 경제적 관계로서 이해되어온 것을 정치적 관계로서 이해하는 것을 의미한다. 장치라는 용어를 이러한 의미로 처음 사용한 사람은 푸코이다.

푸코는 『성의 역사 1 : 앎의 의지』를 출간한 뒤 앨랭 글로스리샤, 제라드 와제만 등 9명의 사람들과 나눈 대담

「육체의 고백」에서, '성장치라는 용어가 갖는 방법론적 의미가 무엇인가?'라는 질문에 대해 답하면서 장치가 무엇을 의미하는지를 설명한다. 그는, 장치를, 담화나 제도, 건축의 형태, 규칙적인 결정들, 법칙, 행정적인 조치, 과학적인 언술, 철학적이고 도덕적인 명제 등 전혀 이질적인 것들로 구성된 복합체의 언술구조이자 이 요소들 사이의 관계의 체계로 정의한다. 그리고 그는, 장치라는 용어로, 이 이질적인 요소들 사이에 존재하는 연결고리들의 성격을 드러내고 또 하나의 역사적 시대에 가장 필요한 요구에 부응하게 되는 사회적으로 형성된 하나의 구조를 드러내고자 했다고 말한다.4 그에 따르면 장치는, 기본적으로 전략적인 성격을 가지고 있는 것으로, 세력관계를 조절하고 발전시키며 때로는 세력관계를 방해하거나 안정시키고 이용하는 것으로서 권력게임과 뗄 수 없는 관계를 가진다. 또 그것은, 권력게임에서 유래하는 지식과 연결되어 있어, 권력이 지식에 영향을 주는 만큼 지식도 권력에 영향을 주고 있다는 사실을 나타낸다. 요컨대 지식을 떠받치고 지식으로부터 역으로 지원을 받기도 하는 전략적 세력관계, 이것이 '장치'가 작동하는 메커니즘이다.5 요컨대 푸코는, 하나의

---

4. 콜린 고든 편, 『권력과 지식-미셸 푸코와의 대담』, 홍성민 옮김, 나남, 1991, 236쪽(Michel Foucault, *Dits et écrits III 1976~1979*, Galimard, 1994, pp. 299~300).

사회체를 물질적이고 비물질적인 형태의 인지적 장치망에 의해 조직되는 권력구성체로 이해했다.

들뢰즈/가따리는 이 인지적 장치망을 배치agencement로 고쳐 부르면서, 그것을 수평축과 수직축으로 구성된 직조로 표현한다.[6] 수평축을 따라서 이 배치를 살펴보면 그것은 내용과 표현이라는 두 부분으로 구성된다. 내용의 면에서 배치는 신체들의 기계적 배치이며, 능동과 수동을 통해 서로 작용하는 신체들의 섞임이다. 표현의 면에서 배치는 언표의 **집단적 배치**로서 기계적 배치와 병행한다. 수직축을 따라서 배치를 살펴보면 그것은 탈영토면과 (재)영토면으로 나눠진다. 아래층에는 배치를 안정화시키는 **영토적 혹은 재영토적 면**들이 있으며, 위층에는 그것을 현재의 상태로부터 벗어나게 하는 **탈영토화의 점**들이 있다. 이렇게 수평축과 수직축으로 구성된 이 배치, 즉 장치망의 위치는 어디며 기능은 무엇일까? 들뢰즈/가따리는 그것을 기관 없는 몸의 성층화로 이해한다. 배치는, '기관 없는 몸'의 불안정한 질료들, 모든 방향으로 가는 흐름들, 자유로운 강렬함들, 유목민과 같은 독자성들, 순간적으로 사라지는 미

---

5. 같은 책, 238쪽.
6. 푸코의 dispositif 대신 들뢰즈/가따리는 agencement이라는 용어를 사용한다. 전자에서 장치는 생명에 외부적인 어떤 것이라는 측면이, 후자에서는 생명에 내부적인 어떤 것이라는 측면이 더 부각된다.

친 입자들 등을 포획하는 성층작용이자 블랙홀이라는 것이다.[7]

그런데 이 배치나 장치망을, 들뢰즈처럼 '기관 없는 몸'과의 관계 속에서 생각하거나 푸코처럼 권력게임의 일부로 생각하는 것을 넘어 다른 위치에서 생각해 볼 수 없을까? 푸코가 장치를 권력게임의 일부로 이해할 때 이 방법은 장치의 정치적 성격을 잘 드러내지만 왜 그러한 유형의 권력게임이 전개되는지를 생각하기 어렵게 만든다. 들뢰즈/가따리는 배치를 기관 없는 몸과의 관계 속으로 가져감으로써 배치의 발생근거를 (인간들의 세력관계보다) 한층 넓은 지평 위에 옮겨 놓았지만 이를 통해서도 역시 왜 그러한 성층화가 나타나는지를 생각하기는 어렵다. 이러한 탐구의 성과들을 계승하여 우리가 장치를 생명과의 관계 속에서 생각하면서도 다시 그것을 물질과의 관계 속에서 생각해 볼 수 없을까? 권력이나 성층화는 분명히 생명의 역량이 물화되는 것인데, 그 물화를 가져오는 조건은 물질과의 근접성 때문일 것으로 생각되기 때문이다. 그래서 나는, 장치(망)을, **생명의 필요에 따라 발생하되 그것이 물질과 맺는 관계 속에서 특성화되는 것**이라고, 즉 장치란 생명과 물질

---

7. 질 들뢰즈 · 펠릭스 가타리, 『천 개의 고원』, 김재인 옮김, 새물결, 2001, 85쪽.

조르조 아감벤(Giorgio Agamben, 1942~)

사이에서 작동하면서 생명을 코드화하고 영토화하여 생명을 물질에 적응시키는 인지적 정치적 연결망이라고 생각하고자 한다.

이러한 생각을 좀 더 구체적으로 이해하는 데에는, 두 가지 사유 전례가 도움이 된다.

하나는 아감벤이다. 아감벤은 『장치란 무엇인가?』에서, 푸코의 장치론을 배치론으로 전화시킨 들뢰즈를 참조하지 않고, 푸코의 장치 개념을 직접 검토하면서 다음과 같은 문헌학적 분석을 한다. 첫째, 푸코의 장치 개념은, 특정한 역사적 순간에 외부로부터 개인들에게 부과된 전체를 포함하는, 초기의 실정성positivité 개념에서 발전해 나온 것이다. 이것은, 어원적으로는, 어떤 긴급한 상황 속에서 즉각적인 효과를 획득하는 것을 목표로 하는 메커니즘과 실천 전체를 가리킨다.[8] 둘째 라틴어의 장치dispositio를 뜻하는 그리스어 경제oikonomia는 신학적 기원을 갖는다. 이 말은, 성신聖神이 그 존재와 권력의 단일성을 잃지 않으면서 신이 창조한 세계의 관리를 성자聖子인 예수에게 맡길 수 있는 관리 장치로 고안되었다. 경제에서 신의 존재와 그 행동은 분리/분열된다. 인간의 행동, 몸짓, 사유를 유용하다고 간주되는 방향을 향해 운용, 통치, 제어, 지도하는 것을 목표로 하는 실천, 앎, 조치, 제도로서의 장치는, 신의 순수존재와 대속자에 의한 세계관리를 분리함과 동시에 절합해야 하는데, 이 이접disjonction의 곤란은 장치를 통해 주체를 생산함으로써 그때그때 해결된다.[9]

푸코의 생각에 대한 이러한 분석에 이어 아감벤은 장치에 대한 그 나름의 독창적 생각을 전개하는데, 그것은, 우리가 그렇게 하고자 하듯이, 장치를 새로운 맥락 속에 위치짓는 것이다. 그는, 존재자를 두 개의 집단, 부류로 분할하자고 하면서 한쪽에는 생명체들(실체들), 다른 쪽에는 장치들을 두자고 제안한다. '기관 없는 몸' 대 '장치'라는 들

---

8. 조르조 아감벤·양창렬, 『장치란 무엇인가?』, 난장, 2010, 18~22쪽
9. 같은 책, 24~31쪽.

뢰즈/가따리의 구도를 거의 그대로 가져오는 듯한 이러한 구도설정을 통해, 그는, 장치를 "생명체들의 몸짓, 행동, 의견, 담론을 포획, 지도, 규정, 차단, 주조, 제어, 보장하는 능력을 지닌 모든 것"으로 규정한다. 이러한 개념에 따라 그는, 감옥, 정신병원, 판옵티콘, 학교, 고해, 공장, 규율, 법적 조치 등 권력과 명백히 접속된 것뿐만 아니라 펜, 글쓰기, 문학, 철학, 농업, 담배, 항해, 컴퓨터, 휴대전화 등도, 심지어는 언어 자체도 장치로 이해한다. 호모 사피엔스의 등장 이래 장치는 늘 존재했고 인간화 과정자체가 장치화 과정이지만, 자본주의의 발전은 장치들의 거대한 축적과 증식을 가져옴으로써, 이제는 개인들이 어떤 장치의 주조, 오염, 제어를 겪지 않을 수 있는 순간은 없다고 그는 말한다. 경제가 신의 존재로부터 신의 세계에 대한 관리를 분리하듯이, 장치들은 환경과의 무매개적 관계에서 생명체를 분리시키는 기능을 한다. 동물들의 경우, 충동의 포위망 안에서, 뭔가를 할 수 있는 자기의 능력을 들뜨게 하는 것에 대해서만 반응하지만, 생명체인 인간은 장치들을 통해 이 들뜸의 관계들을 절단하고 존재를 존재로서 인식할 가능성을, 새로운 세계를 구성할 가능성을 열고자 한다. 이렇게 생명체들이 장치들과 이렇게 일반적으로 대면하고 대결하는 장에서 주체화가 전개되고 주체가 탄생한다. 장치들이 들뜸의 충동을 넘어 새로운 존재의 가능성을 모색하고자 하는 노력의 산물이며 그 노력이 주체화로 나타나는 한에서, 장치들의 뿌리에는 충동을 넘어서는 행복에 대한 인간적인, 너무나도 인간적인 욕망이 있다. 하지만, 장치들은 이 욕망을 그 자체로부터 분리된 영역에서 포획하고 주체화함으로써만 그것을 실현할 수 있기 때문에, 궁극적으로는 그 행복추구의 욕망을 실현할 수 없게 만든다는 역설을 갖는다.[10]

그렇다면, 장치를 다시 한 번 새로운 위치와 맥락 속으로 가져가 보면 어떨까? 내가 염두에 두고 있는 것은 베르그손이다. 베르그손은 장치를 지속의 시간 속으로 가져가고 지속의 두 운동인 상승운동(즉 생명)과 하강운동(즉 물질) 사이에 그것을 놓는다. 베르그손은, 상승운동은 성숙과 창조의 내적 작업에 대응하는 것으로 본질적으로 지속하는 것이며, 하강운동은 상승운동이 말아 둔 두루마리를 내려 펼치는 것 같은 운동이다. 전자와 후자는 분리된 운동이 아니라 지속의 단일한 흐름의 두 측면이다. 상승운동이 이완될 때 하강운동이 나타나기 때문이다. 이런 방식으로 상승하는 생명운동은 하강하는 물질운동에 자신의 리

---

10. 같은 책, 32~38쪽. 장치에 대한 이러한 파악 위에서 전개되는 세속화와 비위에 대해서는 『인지자본주의』 250~253쪽.

듬을 부과한다.[11]

　그렇다면 장치의 자리는 어디일까? 베르그손은, 지각이라는 가위는 행동이 지나갈 길들의 점선을 따라가는 것이며 지각과 과학이 대상에 부여하는 명백한 개체성(즉 물체)의 윤곽은 우리가 공간의 일정한 점에 행사할 수 있는 영향을 그린 것이라고 말한다. 그리고 그는, 그것이 사물들의 표면들과 윤곽들을 파악할 때 거울처럼 우리 눈에 되돌아오는 가능적 행동들의 구도라고 말한다.[12] 그런데 모든 개체성이 이렇게 지각과 과학에 의해 그려내어진 개체성인 것은 아니다. 이러한 개체성과는 다른 개체성을 추구하는 대상들이 있다. 그것은 생명체다. 생명체는 지각의 행동을 수행하는 물체, 실제적 행동을 완수하기 전에 물질 위에 자신의 잠재적 행동의 계획들을 투사하는 물체, 실재의 흐름을 결정된 형태로 고정시키고 그렇게 하여 모든 물체들을 만들어 내기 위해 단지 감각기관들을 그 흐름 위로 향하게 하기만 하면 되는 물체이다. 이 생명체도 물리적 물체와 마찬가지로 연장이며 나머지 연장부분과 연결되어 있고 물리화학적 법칙에 종속되어 있다. 하지만 다른 물체들과는 달리, 생명체는 이질적인 부분들이 상호보완하는

---

11. 앙리 베르그손, 『창조적 진화』, 황수영 옮김, 아카넷, 2005, 35~6쪽.
12. 같은 책, 36~7쪽.

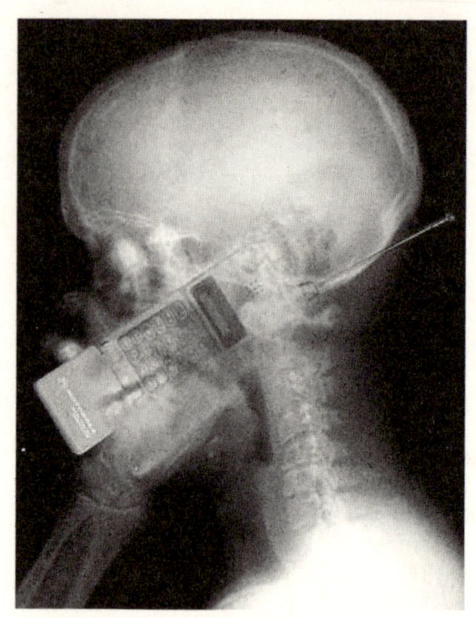

핸드폰과 사람 머리를 함께 X-레이 촬영한 사진

개체성을 추구하면서 자연 자체에 의해 고립되고 닫힌 계를 구성하려는 노력과 경향을 나타낸다. 이렇게 생명체는 스스로 고립되는 닫힌 계를 구성하지만 그것은 전체로서의 우주나 개별적으로 취해진 의식적 존재와 마찬가지로 지속하기 때문에, 생명체는 지각이 잘라낸 물질적 대상과는 달리, 차라리 물질적 우주 전체와 동일시해야 할 것이라고 베르그손은 말한다.[13] 생명체는 의식하는 존재이다. 의식은 실제적 행동의 주변을 에워싸는 가능적 행동들과

---

13. 같은 책, 42쪽.

외연이 같으며 발명과 자유의 동의어이다.[14] 하지만 생명체들 사이에 발명과 자유의 능력에는 차이가 있다. 동물에서 발명은 습관적 행위의 주제 위에서 일어나는 변주 이상이 아니다. 동물을 가두는 감옥의 문들은 열리자마자 닫히며 동물을 묶는 사슬은 당겨보아야 단지 늘어날 뿐이다. 인간에 와서 그 문은 열리고 사슬은 끊어진다. 베르그손은, 모든 생명의 역사는 물질을 들어올리기 위한 생명의 노력의 역사였지만 물질이 의식 위로 다시 떨어짐으로써 다소간 완벽하게 의식을 누르는 역사였다고 말한다.[15] 이 속에서 인간은, 필연성 자체인 물질과 더불어 자유의 도구를 창조해 내고 기계장치를 제압하는 기계를 만들어 내며 자연의 결정론을 이용하여 그것이 쳐 놓은 그물코를 관통하고자 한다. 우리가 장치를 놓아야 하는 위치와 맥락은 바로 여기가 아닐까?

베르그손에 따르면, 인간을 다른 동물들과 다르도록 만드는 장치는 세 가지다. 하나는 두뇌이다. 다른 동물과는 달리 인간은 두뇌의 우월성에 힘입어 무한수의 운동기제를 만들어 내고 새로운 습관들을 과거의 습관들에 대립시킨다. 둘째는 언어이다. 언어를 통해 인간은 의식에 비

---

14. 같은 책, 392쪽.
15. 같은 책, 392~3쪽.

물질적 신체를 제공하며 의식으로 하여금 물질적 신체에만 의존하지 않을 수 있게 한다. 셋째는 사회이다. 사회적 삶은, 언어가 사유를 저장하듯이, 인간의 노력을 저장하고 보존하여 평범한 개인들로 하여금 단번에 평균수준으로 올라가게 하고 탁월한 자들은 더 높이 올라가도록 해 준다.[16] 베르그손은 두뇌, 언어, 사회를, 생명이 주어진 순간에 진화로부터 획득한 유일하고도 예외적인 성공을 보여주는 것이라고 말한다. 이러한 장치들은 인간이라고 부를 수도 있고 초인이라고도 부를 수 있는, 확정되지 않은 모호한 존재가 스스로를 구현하고자 애쓰고 또 자신이 갖고 있던 것의 일부를 버림으로써 도달한 생산물이다. 생명과의 관계 속에 놓인 베르그손의 이 장치 개념에는 푸코, 들뢰즈/가따리, 아감벤이 장치 혹은 배치라고 부른 것에 부여한 어두운 이미지들, 지배, 분리, 포획 등과 같은 이미지보다는 생명이 진화의 노력 속에서 획득한 성취로서의 측면이 강조된다.

하지만 베르그손은, 이에서 머물지 않고, 장치를 물질과의 관계 속에서 다시 사고한다. 인간의 의식은 물질을 정복하고 재정복하는 과정에서 이러한 정복을 가능케 할 특수한 조건들에 부응하기 위해 **물질의 습관들에 적응한다.**

---

16. 같은 책, 394쪽.

그래서 인간은 자신의 모든 주의를 물질에 집중시킨다. 이를 위해 인간은 생명의 방향 자체로 향한 사유능력인 직관을 버리고 자신을 특별하게 지성의 방향으로 결정한다. 인간의 진화는 이렇게, 물질의 운동에 부합하고 적응할 수 있는 능력, 즉 행동에 유용한 능력으로서의 지성에 특화된 장치들을 발명하는 방향으로 이루어진다. 그 결과 인간의 장치들은 인간 유기체를 생명으로부터 멀어지게 하고 심지어는 분리시키는 것이다. 인간의 의식적 발전과 자유의 발명은 역설적이게도 생명의 반대방향으로 나아가 인간을 생명보다 물질에 더 가깝게 만드는 장치들의 발명을 통해 이루어진다. 이 지점에서 장치에 대한 베르그손의 표상은 비로소, 장치에 대한 푸코, 들뢰즈/가따리, 아감벤의 사유에서 나타나는 권력, 성층, 포획, 증식 등의 이미지와 합류한다.

하지만 베르그손의 장치개념은 지금까지의 서술이 드러내주듯이, 장치를 생명체, 기관 없는 몸, 자기와의 관계 속에서만 생각하거나 그것과 대립하는 것으로 설정하지 않았다. 그는 생명과 물질이라는 지속의 두 운동 사이에 장치를 설정함으로써 다른 사람들과는 다른 뉘앙스를 장치 개념에 포함시킨다. 의식으로서의 생명은 본질적으로 자유로운 것이고 자유 그 자체이지만 물질 위에 놓여 있고

질 들뢰즈 (Gilles Deleuze, 1925~1995)

물질에 적응하지 않고서는 물질을 통과할 수 없다는 것이 그의 기본전제이다.[17] 장치는 이 필요 때문에 발생하는 것이다. 그리고 여기에 적응하는 의식형태가 지성이다. 그런데 지성은 자유를 필연성의 형식 아래에서만 파악하며 자유행위에 본질적인 새로움이나 창조의 몫을 무시하면서 행위 자체를 동일성들의 근사적 모방으로 대치한다. 생명은 장치를 통해 자신의 자유를 실현하지만 장치는 지성과의 강한 연결로 인해 고립과 분리, 즉 물질화라는 대가를 치르게 된다. 이것이 베르그손이 설정하는 장치의 딜레마이다.

맑스의 자본 개념과 포획적 인지장치로서의 자본 : 『자본론』 51장

푸코, 들뢰즈, 아감벤, 그리고 베르그손의 장치 개념에

---

17. 같은 책, 401쪽.

대한 지금까지의 분석을 통해 우리는 장치가 지성성에 기반한 인지적 장치이면서 그것이 생명 진화의 산물이면서도 물질에 적응하는 가운데 생명의 진화를 억제하는 기능을 수행하기도 한다는 것, 그리고 이것은 생명으로부터 그 생명력의 분리라는 장치의 기능방식에서 비롯되는 것임을 밝혔다. 이제 장치에 대한 이러한 개념을 자본과 연결시켜 보자.

많은 경우에 자본은 사회적 실체로 이해되곤 한다. 투자될 수 있는 화폐량으로 자본을 파악하는 경우가 그러하다. 대개의 당들, 경제정책가들, 경제학자들이 이러한 관점에서 자본을 바라본다. 심지어 '사회적 자본' 이론조차도 이와 같은 관점을 공유한다. 맑스는 이러한 관점과 달리, 자본을 '일정한 화폐량'이 아니라 '노동력과 교환되는 화폐'로 정의함으로써 자본을 특수한 역사적 사회관계로, 즉 임금노동을 착취하는 경제적 사회관계로 정의할 수 있는 길을 열었다. 맑스에 따르면, 자본주의적 생산방식은 특수한 종류의 생산방식이고 역사적 규정성을 갖는 생산방식이며 사회적 생산력과 그것의 발전형태의 일정한 수준을 자기의 역사적 조건으로 전제하는 생산방식이다.[18] 이것은, 이 생산방식에 대응하는 생산관계, 즉 사람들이 그들의 사회

---

18. 칼 마르크스, 『자본론』 3권, 김수행 옮김, 비봉출판사, 1990, 1081쪽.

적 삶의 과정에서 또는 그들의 사회적 삶의 생산에서 맺는 관계가 자연적인 것이 아니라 역사적인 것이며, 일반적인 것이 아니라 특수한 것이고, 항구적인 것이 아니라 일시적인 것임을 의미한다.[19] 이러한 생각에 따르면, 실체로서의 자본이란 관점은, 노동의 물질적 조건들로서의 자본이 직접적 노동자들로부터 분리된 양으로 존재한다는 단순한 경험적 사실만을 가리킬 뿐이다. 이러한 관점은 왜 그 분리가 이루어지는지, 그 분리의 기능과 사회적 결과가 무엇인지, 요컨대 그 분리의 역사적 성격이 무엇인지에 대해서는 무관심하다. 우리에게는 이 분리를 전제로 하는 것이 아니라 그 분리의 역사적 위치, 성격, 그리고 기능을 살피는 것이 중요하다.

맑스는 분리의 두 가지 형태를 구분한다. 첫 번째 분리는 새로 추가되는 노동에 의해 연간 새로 추가되는 가치가, 세 개의 상이한 수입형태를 취하는 세 부분들(임금, 이윤, 지대)로 분할되는 과정을 통해, 잉여생산물이 그것의 생산자인 노동자로부터 체계적으로 분리되는 것이다. 이것이 첫 번째 분리형태이다. 또 하나의 분리는, 이 첫 번째 분리의 전제로 작용하면서, 현실적인 생산조건과 그것의 대표자에게 특수한 역사적 성격을 부여하여 생산의 전체

---

19. 같은 책, 1082쪽.

칼 맑스 (Karl Marx, 1818~1883)

성격과 전체 운동을 결정하는 분리형태이다. 그것을 맑스
는, 1) 자본이 노동자로부터 노동조건을 수탈하는 것, 2)
이 노동조건들이 소수의 개인의 수중으로 집적되는 것[20],
그리고 3) 다른 개인들이 토지를 배타적으로 소유하는 것
(시초축적에 관한 편에서 전개된 모든 관계들)[21]으로 묘사
하고 있다.[22] 맑스는 이 분리형태가 전자의 분리형태와는

20. 대자본의 중소자본에 대한 수탈.
21. 농민으로부터의 토지수탈
22. 칼 마르크스, 『자본론』 3권, 1083쪽.

"전혀 다른 것"이라고 하면서 전자의 분배는 "생산물 중 개
인적 소비에 들어가는 상이한 부분에 대한 상이한 권리"를
의미함에 반해, 후자의 분배관계는 "생산관계 자체의 내부
에서 직접적 생산자와 대립하는 특수한 생산담당자에게
특정의 사회적 기능을 할당하는 근거"라고 말한다. 그러므
로 첫 번째 분리형태를 결과로서의 분리형태라고 부른다면
두 번째 분리형태를 전제로서의 분리형태라고 부를 수 있
을 것이다. 혹은 첫 번째 분리형태를 권리로서의 분배로, 후
자의 분리형태를 수탈로서의 분배라고 부를 수 있을 것이
다. 자본주의적 생산과정 속에서 이 양자는 서로를 전제하
면서 또 상호규정한다. 맑스는 이 두 계기의 순환적 연계
관계를 다음처럼 명시적으로 표현한다.

분배관계를 고찰할 때, 연간생산물이 이른바 임금·이윤·
지대로 분할되고 있다는 사실로부터 시작하는 것이 보통이
다. 그러나 그러한 방식으로 표현된 사실은 잘못된 것이다.
생산물은 자본과 수입들로 분할되는 것이다. 이 수입들 중
의 하나인 임금이 수입[노동자의 수입]의 형태를 취하는 것
은 임금이 미리 자본의 형태로 동일한 노동자와 대립한 이
후에 비로소 가능하다. 생산된 노동조건과 노동생산물일반
이 자본으로서 직접적 생산자와 대립한다는 것은, 처음부
터 노동의 물질적 조건들이 노동자에 대하여 특수한 사회
적 성격을 가지고 있다는 점과 노동자들이 생산 그 자체에

서 이러한 노동조건의 소유자에 대하여 그리고 자기자신들 상호간에 특수한 관계를 맺고 있다는 점을 내포하고 있다. 이러한 노동조건이 자본으로 전환된다는 것은 또한 직접적 생산자로부터의 토지수탈을 내포하며 따라서 특수한 형태의 토지소유를 내포하고 있다. 만약 생산물의 한 부분이 자본으로 전환되지 않는다면 다른 부분은 임금·이윤·지대의 형태를 취하지 않을 것이다. 다른 한편으로, 자본주의적 생산방식이 생산조건들의 이러한 특수한 사회적 형태를 전제하고 있다면 전자는 또한 후자를 끊임없이 재생산한다. 이 생산방식은 물질적 생산물을 생산할 뿐만 아니라 이 생산물들이 [그 속에서] 생산되고 있는 생산관계 그리고 또한 그것에 대응하는 분배관계를 끊임없이 재생산한다.[23]

맑스가 이렇게 두 가지 분리형태의 연계를 강조했음에도 불구하고, 맑스주의 담론에서 전자의 분리[권리로서의 분배]는 현행적인 착취분석으로서 중시되어 왔지만 후자의 분리[수탈로서의 분배]는 역사적으로 종결된 것으로 파악되면서 경시되어 왔다. 여기서는 이 중시와 경시의 역사적 맥락을 상술하는 것으로 나아가기보다, 로자 룩셈부르크가 식민화를 시초축적의 연속으로 파악하면서 재생시킨 바 있는 이 수탈적 분리[24]가 착취적 분리와 분리불가능하

---

23. 같은 책, 1082쪽.
24. Rosa Luxemburg, *The Accumulation of Capital*, (http://www.marxi

게 얽혀 있는 자본주의적 분배관계의, 역시 현행적인, 또 다른 한 계기임을 다시 한 번 강조하는 데 그치기로 하자.

물론 우리는, 자본주의적 생산양식의 고유한 특징이 착취적 분리에 있고 또 그것이 근본적이라는 것을 주저 없이 인정할 수 있다. 하지만 근본적인 것이 반드시 **지배적인** 것은 결코 아니다. 특정한 역사적 시기에는 이 두 계기 중 어느 하나가 **지배적인** 계기로 나타나는데, 착취적 계기가 지배적인 것이었던 것은 자본주의의 자유주의적 시대의 짧은 시간에 국한되었던 것으로 보인다.[25] 맑스의 시초축적론이 보여주듯 자본주의 형성기에는 수탈의 계기가 지배적이었으며, 짧은 자유주의 시대를 지난 후, 사회주의, 케인즈주의, 파시즘 등에서 시작되는 20세기의 국가자본주의 시대에는 수탈의 계기가 다시 지배적인 것으로 부상해서 지금에 이르고 있는 것으로 보이기 때문이다.

그런데 『자본론』에서 맑스의 분석은 수탈의 계기보다 착취의 계기에 집중되는 경향이 있다. 시초축적론(26장)이 그러하듯, 수탈의 계기는 삽화적인 것으로 취급되는

---

sts.org/archive/luxemburg/1913/accumulation-capital/index.htm) 참조.

25. 이때조차도 착취 계기, 경제적 계기에 의한 결정은 최종심에서만 이루어졌는데 그 최종심은 잠재적일 뿐 현실적으로는 결코 도래하지 않는 것이었다.

1848년 혁명 당시 프랑스 파리

데, 이것은 과학에서 주관적·정치적 의지를 철저히 제거하면서, 1848년 혁명을 좌절시킨 객관적인 경제적 원인을 밝히려는 당시의 맑스의 심리에 의해 규정되고 있는 것이며, 자연법칙처럼 관철되는 자본주의적 생산의 자연법칙, 움직일 수 없는 필연성을 가지고 작용하며 관철되는 경향들 자체를 분석하려는 맑스의 과학의지에 의해 규정된 것이다.[26] 당시의 맑스에게 그 법칙은 법령으로 폐지할 수도 없는 것일 뿐만 아니라 자연적인 발전단계들을 뛰어넘을 수도 없는 것으로 보였다. 그가, "경제적 사회구성체의 발전에서는…… 개인이 이러한 관계들에 대해 책임이 있다고 생각하지 않는다. 개인은 주관적으로는 아무리 이러한

---

26. 나는 그가 만약 『정치론』을 썼다면 혹은 『자본론』의 일부로 계획되었던 『국가론』을 썼다면 이 경향은 역전되었으리라 생각한다.

관계들을 초월하고 있다고 하더라도 사회적으로는 여전히 그것들의 산물"[27]이라고 생각한 것도 이와 무관하지 않다. 하지만 오늘날의 관점에서 보면, "일정한 형태를 가진 고체가 아니라 변화할 수 있으며 또 변화하고 있는 유기체"[28]로서의 사회에서, 전체에서 개체로 향하는 **일방적** 관계는 인정될 수 없다. 개체가 다시 전체에 영향을 미치기 때문이다. 그런데 이것은 개인의 발전이 사회의 발전으로 되고 사회의 발전이 개인의 발전으로 되는 사회에 대한 표상에서 맑스 자신의 인식하고 있었던 것이며, "제 갈길을 가라, 남이야 뭐라든!"이라는 좌우명에 따라 움직이며서 사회의 여론의 압력에 저항했던 개인 맑스의 작업 자체가 개체에서 전체로 향하는 역방향의 관계를 입증하는 하나의 강력한 사례 자체이기도 하다.

착취의 계기에 집중한 맑스가 분석해 낸 자본주의적 생산양식의 특징, 즉 자본주의의 고유성은 다음 두 가지이다. 하나는 자본주의가 생산물을 상품으로 생산한다는 것, 좀 더 구체적으로 말해서, 생산물의 지배적이고 규정적인 성격이 상품이라는 것이다. 그리고 자본의 생산물로서의 이 상품형태는 자본주의적 생산양식을 특징지우는 생산의

---

27. 칼 마르크스, 『자본론』 1권(상), 김수행 옮김, 비봉출판사, 1991, 6쪽.
28. 같은 책, 7쪽.

사회적 규정들의 **물화**와 생산의 물질적 조건들의 **주체화**를 수반한다.[29] 이것들이, 상품형태를 매개로 하는 자본 장치의 주요한 두 가지 효과이다. 여기에서는 노동자 자신이 상품의 판매자로, 자유로운 임금노동자로 나타난다는 것이 특히 중요하다. 이 단계의 자본장치에서는 생산물이 상품이기 때문에 상품이 통과하면서 사회적 성격을 획득하는 유통과정이 필수적이다. 이 유통과정에서 노동은 오직 **사회적 노동**으로서만 인정되고 상품의 가치는 그것의 생산에 사회적으로 필요한 노동시간이라는 척도에 따라 평가된다. 이렇게 노동이 사회적임에도 불구하고 그 사회적 노동의 배분은 개별 자본주의적 생산자들의 우연적인 서로 대립하는 동기들에 맡겨져 있다. 요컨대 개별적인 경쟁관계들이 가치법칙을 교란시키는 요소로 작용할 뿐만 아니라 그 경쟁관계들이 이 교란과정을 통해 궁극적으로 가치법칙을 관철시킴으로써 사회적 균형을 달성케 하는 계기로 작용하는 것이다. 그래서 맑스는 가치법칙을 내부법칙[30]이라고 부르는데, 이 내부법칙을 교란시키는 개별적 경쟁관계들에는 자본가들 사이의 경쟁뿐만 아니라[31] 노동

---

29. 칼 마르크스, 『자본론』 3권, 1084쪽.
30. 현실법칙과는 다른 방식으로 작동하는 잠재법칙이라고 이해할 수 있을 것이다.
31. 칼 마르크스, 『자본론』 3권, 1084쪽.

자들의 자본가에 대한 투쟁도 포함된다.[32] 그래서 상품유통을 통해 가치법칙이 관철된다는 것은 자본가들 사이의 경쟁과 계급들 사이의 투쟁을 접어 넣으면서 그때그때 사회적 균형이 달성되어가는 불안정한 과정을 지칭한다.

맑스는 자본주의적 생산양식의 두 번째 특징을, 잉여가치의 생산을 생산의 직접적 목적이며 결정적 동기로 삼는 생산양식이라는 점에서 찾는다.[33] 자본은 노동생산물 중에서 노동력의 재생산에 필요한 부분(즉 임금)을 제외한 나머지 전체(즉 잉여생산물)를 노동자로부터 분리시킴으로써, 노동의 사회적 생산력을 노동자에 대하여 자립화한 자본의 힘으로서, 그리고 노동자 자신의 발전을 직접적으로 반대하는 자본의 힘으로써 발전시키는 독특한 형태이다. 잉여가치의 이윤으로의 축적을 통해 자본주의는 확대되는 자본의 축적과정으로 나타나게 된다. 맑스는 이때, "가치의 결정에서 결정적인 것은 사회적 노동시간 일반이며 사회가 마음대로 처분할 수 있는 총노동양"이지 "임금노동으로서의 노동형태가 아님"을 적시한다.[34] 하지만 그

---

32. 맑스는 이 교란의 지점을 "사회적 노동의 배분, 그 사회적 노동의 생산물들의 상호보완과 신진대사, 그리고 사회적 메커니즘에의 종속과 그것으로의 투입 등등"(『자본론』 3권, 1084쪽)으로 항목화한다. 이 교란과 사회적 필요노동의 관계에 대해서는 조정환, 『인지자본주의』, 109쪽 참조.
33. 칼 마르크스, 『자본론』 3권, 1085쪽
34. 같은 책, 1086쪽

는, 사회적 노동시간이 상품가치의 결정에서 결정적인 역할을 수행하게 되는 것은 임금노동으로서의 노동의 형태와 이것에 대응하는 자본으로서의 생산수단의 형태 하에서이고 이러한 형태 하에서만 상품생산이 생산의 일반적 형태가 된다는 이유에서 임금노동으로서의 노동형태가 중요한 의미를 갖는다고 본다.[35]

이 두 가지 특성은 어떤 관계에 놓이는가? 생산물을 상품으로 생산한다고 해서 자동적으로 잉여가치를 생산할 수 있는 것은 아니다. 자본주의 이전의 사회들에서 볼 수 있듯이, 어떤 잉여가치의 생산 없이도 상품생산은 가능했다. 그런데 자본주의는 이와는 달리 다름 아닌 잉여가치를 생산하기 위하여 생산물을 상품으로 생산한다. 상품생산이 자본주의적 생산의 지배적이고 규정적인 성격으로 되는 것은 그 생산이 잉여가치 생산을 직접적인 **동기이자 목적**으로 삼고 있기 때문에 가능해지는 것이다. 잉여가치를 생산하려는 동기는 직접적 생산자로부터 잉여생산물을 분리시켜 축적하려는 욕망이며 이것은 분리축적의 메커니즘에 의해 재생산되는 것이다. 여기서 사태의 **전도**가 발생한다. 어떤 종류의 전도일까? 어떤 유형의 사회적 생산에서든 노동은 항상 두 부분의 필요를 충족시킨다. 한 부분은 생

---

35. 같은 책, 같은 쪽.

1900년대 초 자동차 공장의 모습

산자와 그의 가족이 직접적이며 개인적으로 소비할 생산물 부분인 필요노동 부분이고, 다른 부분은 (생산적 소비를 보전하는 부분을 제외하면) 일반적인 사회적 욕망을 충족시킬 생산물 부분인 잉여노동 부분이다. 맑스는 노동 생산물의 이 두 분으로의 구분은 자연발생적인 인도공동체의 생산에서든, 다소 인위적으로 발전한 페루인의 공산주의의 생산에서든 마찬가지였다고 말한다.[36] 그렇기 때문에 자본주의에서도 이 두 부분의 생산물이 생산된다. 그런

---

36. 같은 책, 1081쪽.

데 자본 장치는 생산자들의 일반적인 사회적 욕망충족의 수단이었을 뿐인 두 번째 부분인 잉여노동 부분을 생산의 목적으로 전도시키고 이 부분을 직접 생산자로부터 분리시킨 후에, 이것을 지렛대로 다시 생산자들의 직접적 생활에 소비되는 첫 번째 부분까지 이 목적에 종속시킨다. 수단과 목적 사이의 완전한 전도가 나타나는 것이다. 이 전도된 메커니즘을 보전하기 위해 자본가는 노동자에 대립하는 노동조건의 인격화로서 권위를 세우고 이 권위로써 생산의 사회적 성격을 엄격히 통제하며 노동과정을 위계적으로 조직한다. 맑스는 이 권위가 지난날의 "정치적·신정적" 지배자의 권위와는 본질적으로 상이하다고 말한다.[37] 하지만 이 말이, 자본의 권위는 비정치적인 것이라는 의미로 읽혀서는 안 될 것이다. 자본이 노동조건의 소유자, 인격화로서 권위를 갖게 되는 것은 직접생산자로부터 노동조건을 분리시킬 수 있는 권력, 잉여생산물을 직접 생산자로부터 분리시킬 수 있는 권력, 분리된 잉여생산물을 자본으로 재생산할 수 있는 권력 없이는 가능하지 않을 것이기 때문이며 바로 이 권력을 가지고 생산자들의 직접적 소비에 필요한 부분까지 통제하기 때문에 그 권위는 정확히 정치적인 성격의 것이라고 해야 할 것이다.

---

37. 같은 책, 1085쪽.

자본주의적 생산양식에 대한 맑스의 분석에 대한 지금까지의 고찰을 이제 우리 시대와의 연관 속에서 생각해 보자. 여기서 우리는, '사회적 노동시간이 결정적이지 임금노동 형태가 결정적인 것은 아니'라는 앞서 인용한 맑스의 말을 주의 깊게 생각해 볼 필요가 있다. 오늘날 임금노동 형태는 해체되었다. 압도다수가 비정규직 형태의 임금노동 관계 속으로 들어가고 있으며 점점 더 많은 수의 사람들이 실업 노동자의 형태로 축적되고 있다. 임금노동 형태는 더 이상 **일반적인** 노동형태가 아니라 노동이 수행되는 **특수한** 형태이다. 임금노동 형태 하에서 생산의 일반적 형태로 되는 상품형태도 이에 따라 해체되고 있다. 자본주의에 전형적인 노동력은, 상품으로 전화되어야 한다는 압박을 그 어느 때보다도 강하게 받고 있음에도 불구하고 점점 더 상품으로 전화되지 못하는 경향이 있다. 자본이 물질적이고 비물질적인 모든 생산에 상품형태를 부여하려 하고 있음에도 불구하고 시장을 통해 생산물로서 유통되는 상품형태는 더 이상 **일반적인** 생산형태가 아니라 **특수한** 생산형태로 되고 있다.

이것은 결코 우연이 아니며 현대 자본주의적 생산양식의 특성에서 비롯된다. 『인지자본주의』 4장에서 자세히 논한 바 있듯이, 인지적 생산물은 생산과정 밖으로 생산과정에서 독립된 생산물을 산출하지 않는다. 예컨대 연극배우의 노동생산물은 연극관람 과정에서 소비되며 극장 바깥으로 나가 상품으로 유통되지 않는다. 교사의 강의도 수업과정에서 소비되며 교실 바깥으로 나가 상품으로 유통되지 않는다. 관람료나 수업료는 시장에서 유통되는 상품의 가격과 같은 것이 아니다. 일상적 지출의 상당 부분을 차지하는 교통비, 의료비, 통신료, 입장료, 구독료, 임대료, 각종 수수료, 세금 등을 상품가격으로 간주할 수 있을까? 오늘날 사회적 노동시간의 가치적 축적은 더 이상 상품형태나 임금형태를 일반적인 기초형태로 삼지 않는다.

그렇다면 자본은 어떻게 사회적 노동시간을 축적하는가? 『인지자본주의』에서 나는 자본이 사회적 다이어그램과 인지적 알고리즘을 통해 축적하는 메커니즘에 대해 서술했다.[38] 사회적 다이어그램은 지적소유권처럼 인간의 인지활동에 대한 소유독점을 규정하는 법적 정치적 장치를 지칭하며 인지적 알고리즘은 인간의 인지활동에 언어적 명령을 내리고 그것을 축적회로로 운하화할 수 있는 인지적 설계를 지칭한다. 이 양자는 오늘날의 인지적 생산양식이 갖는 두 측면이다. 인지적 생산양식은 사람들의 인지활동을 특정한 인지장치에 종속시키는 양식이다. 그래서

---

38. 조정환, 『인지자본주의』, 갈무리, 2011, 139~142쪽.

존 메이너드 케인스(John Maynard Keynes, 1883~1946)

인지자본주의에서 잉여가치의 생산은 산업생산에서처럼 노동생산물을 상품으로 만들어 유통시킴으로써가 아니라 특정한 인지장치들을 통해 사람들의 인지활동을 조직하고 그렇게 조직된 인지활동을 포획함으로써 가능해진다. 사회적 노동시간을 잉여가치의 형태로 축적하는 자본주의적 생산양식의 두 번째 특성은 지속되지만 생산물을 상품으로 생산한다는 첫 번째 특성은 점차로 지양된다.

첫 번째 특징과 두 번째 특징의 이러한 탈구는 인지자본주의에서 처음 나타난 것이 아니다. 구 사회주의 체제는 상품형태나 임금노동형태를 취하지 않으면서 잉여가치를 축적했다.[39] 거대한 국가자본은 그것의 산물이다. 이것은 당의 인지적 지배를 통해 사회적 노동을 관리함으로써 가능해졌던 것이고 이런 의미에서 당은 하나의 포획적 인지장치로 이해할 수 있다. 서구의 케인즈주의 역시 상품형태를 상대화시켰다. 계획주체로서 국가는 상품사회의 자기

---

39. 토니 클리프, 『소련 국가자본주의』, 정성진 옮김, 책갈피, 1993 참조.

운동이 낳는 부작용들을 비상품적 방식으로 제거하고자
했으며 생산주체로서의 국가자본은 직접적인 이윤동기를
내세우지 않음으로써 사회 전체의 잉여가치 축적을 보장
했다. 즉 국가가 잉여가치 생산을 보장하는 포획적 인지장
치로 나타난 것이다.[40]

그렇다면 당이나 국가의 권력을 약화시키면서 출현한
신자유주의에서는 어떤 포획적 인지장치가 존재하는 것일
까? 네그리와 하트의 제국 개념은 신자유주의에서 작동하
는 인지장치의 형상을 탁월하게 그려낸다. 제국은 다중의
인지활동을 민주적 방식에 따라 재현하고 귀족적 방식으
로 절합하며 군주적 방식으로 통합하는 복수적 인지장치
들의 위계적인 혼성 네트워크이다.[41] 제국 체제에서 잉여
가치의 축적은 더 이상 상품유통을 지배적 수단으로 삼지
않는다. 제국의 위계 피라미드는 다중들의 광범한 소통,
정동, 지식 활동들을 NGO, 국민국가, 기업, 대학, 교회 등
의 다양한 인지장치들을 통해 재현하며 이것들을 초국적
금융의 방식을 통해 절합한다. 군사권력은 이렇게 축적된
인지가치들을 최종적으로 주권으로 물질화한다. 그렇기

---

40. 국가를 억압자가 아니라 교육자로 바라보는 관점은 그람시에게서 뚜렷
    이 나타난다.
41. 안토니오 네그리·마이클 하트, 『제국』, 윤수종 옮김, 이학사, 2001,
    397~421쪽.

때문에 우리는 제국을, 사람들의 인지활동을 총체화하는 현대의 포획적 인지장치로 이해할 수 있다. 오늘날의 자본을, 우리는 더 이상, 물질적 생산물의 상품으로의 생산을 통해 잉여가치를 생산하는 경제적 체제로 사고할 수 없고 인지적 생산과정에 대한 통제를 통해 잉여가치와 주권을 생산하는 포획적 인지장치로 이해할 수 있다.

맑스는 자본을, 생산물을 상품으로 생산함으로써 잉여가치를 생산하는 사회관계로 이해했다. 이러한 자본주의적 생산과정은 물질적 생산물뿐만 아니라 이 생산물들이 생산되는 생산관계 및 그것에 대응하는 분배관계를 생산하지만[42] 사회관계들은 여러 매개들의 결과로서 **간접적으로** 생산된다. 개별 자본들이 맹목적으로 상품을 생산하고 잉여가치를 추구하는 가운데, 그것의 결과로서 사회관계가 생산되는 것이다. 하지만 인지자본주의에서 자본은 전개되는 생산활동을 단순히 포획하는 인지장치로만 기능할 뿐만 아니라 사람들의 인지활동을 적극적으로 조직함으로써 직접적으로 사회관계를 생산하는 것으로 나아간다. 이를 통해 자본은 사회관계를 의식적으로 생산하는 인지장치로 된다. 지금 우리가 주목해야 할 것은 이 변화의 성격이다.

---

42. 칼 마르크스, 『자본론』 3권, 1082쪽.

생물권력, 삶권력, 그리고 생명권력

　　자본주의 사회에서의 이러한 변화는 푸코에 의해 인상적으로 분석된 바 있다. 19세기 이전의 군주제 하에서 권력은 궁극적으로 죽일 수 있는 권리였다. 그것은 근본적으로 칼의 권리로서 "죽게 만들고 살게 내버려두는 권리"였다. 푸코는 19세기에 이 군주의 권리가 큰 변화를 겪으면서 이와 정반대 형식의 권리, 즉 "살게 만들고 죽게 내버려 두는 권리"가 정착된다고 본다. 이것은, 전자를 대체한다고까지 할 수는 없더라도 그것을 보완하는 형태로 등장하며, 전자를 지워 없애버리는 것이 아니라 거기에 침투하고 관통하고 수정하여 새로운 권리 형태로 정착된다.[43] 우리의 논의에서 중요한 의미를 갖는 것은 '살게 내버려 두다'laisser vivre와 '살게 만들다'faire vivre의 차이이다. 어떤 것이 살게 내버려 두는 것이고 어떤 것이 살게 만드는 것인가?

　　17, 18세기에 계약에 따라 개인들이 군주에게 자신들의 권한을 위임한 것은, 자신들의 생명을 보호하기 위한 것, 즉 '살기 위해서'였다. 그런데 삶의 권리를 위임받은 군

---

43. 미셸 푸코, 『"사회를 보호해야 한다"』, 박정자 옮김, 동문선, 1998, 278~9쪽.

프리드리히 2세(1712~1786)

주는 이 위임을, 자신이 사람들을 살릴 의무를 갖는 것이 아니라 자신이 죽임의 권리를 갖고 행사할 수 있는 것으로 받아들였다. 왜 위임된 삶들에 대한 권리가 죽임의 권리로 역전되었던 것일까? 이 역전과 전도는, 군주의 어떤 악의의 산물이라기보다 위임 혹은 분리의 본원적 성격에서 발원되는 것으로 보인다. 판매된 노동력의 형태로건 대의메커니즘을 통해 대표자에게 위임된 권리의 형태로건, 자기자신으로부터 분리되자마자 생명은 분리, 정렬, 분류, 감시의 방식으로 공간에 배치되어, 훈련되고 단련될 수 있는 개개의 신체, 곧 죽은 물체로 바뀌고 만다.[44] 이제 권력은 **규율**의 기술을 이 물체에 적용하여 그 물체가 물리적으로 운동하게 만들 수 있다. 이것이 17, 8세기 권력의 기본적 운동논리였다.

그런데 푸코는 18세기 후반에 규율적이라고 할 수 없는 새로운 어떤 것이 생겨난다고 말한다. 그것은 "인체가

---

44. 같은 책, 280쪽.

아니라 살아 있는 사람, 종으로서의 인간"을 상대하는 권력이다. 규율이 다수의 개인들을 감시, 훈련, 이용, 처벌의 대상으로 삼았음에 반해 이 새로운 권력은 "다수의 사람들을 상대하기는 하되, 그것이 개체로 요약된다는 점에서가 아니라 모든 생명 고유의 과정인 출생, 사망, 질병 등 인류 전체의 과정에 영향 받는 보편적 전체"를 대상으로 삼는다. 개체에서 전체로의 권력의 주요 관심의 이동, 이것을 푸코는 해부정치학에서 생물정치학으로의 이행이라고 부르는데[45] 이 정치학은 질병을 인구현상으로 파악하면서 공중보건을 주임무로 하는 의학을 발전시키고, 노화나 불구, 저축과 보험 등에 관심을 기울였다. 이것은 개별적인 것보다 집단적인 것에, 우연한 것보다는 지속적인 것에 관심을 기울였다. 그리고 이것은 개인들에게 가해졌던 규율적 메커니즘과는 달리 생물종으로서의 인종을 고려하면서 그것의 균형을 잡고 조절하는 메커니즘을 가동한다.

이상의 고찰을 통해 유추할 수 있는 것은, 푸코가 "살게 내버려 두는 권력"이라는 말로 표현한 것이 전체로서의 인간 생명종에는 관심을 갖지 않는 권력, 그러면서 개인들의 생사여탈권에만 관심을 갖는 권력이었다는 것이다. 그리고 "살게 만드는 권력"이란 전체로서의 생명종이 항상적

---

45. 같은 책, 281쪽.

균형을 이루도록 조절하면서 오히려 개체들의 죽음은 홀
대, 금기시하고 사적 문제로 치부해 버리는 권력을 의미한
다는 것이다. 전자의 권력은 육체-유기체-규율-제도의
계열을 따라 움직인다면, 후자는 인구-생물학적 과정-조
절메커니즘-국가의 계열을 따라 움직인다. 전자가 제도에
의한 유기체적 규율을 표현한다면 후자는 국가에 의한 생
물학적 조절을 표현한다. 전자가 규율권력이라면 후자는
생물권력이다.

푸코가, 쇠퇴하는 전자와는 달리 점점 더 전진하고 있
다고 평가하는 후자, 즉 생물권력은 "생명을 과대평가하
고 수명을 연장하며 생명의 기회를 늘리고 생명에 가해질
수 있는 사고를 방지하며 혹은 그 손실을 보상하는 것을
목표로 하는" 권력이다. 그런데 이 '살게 만드는' 권력이
어떻게 해서 사람을 죽게 내버려두고 또 사람을 죽이도록
명령을 내리며 적군만이 아니라 자기의 시민들까지 죽음
에 노출시키는 것일까? 이것이 푸코가 던지는 질문이다.
이에 대해, 푸코는 생물학적 연속체를 조각내고 그 내부
에 휴지休止를 도입하는 인종주의가 생물권력에 삽입되기
때문이라고 생각한다. 인종주의가, 권력이 책임 맡은 생명
의 영역 안에 어떤 단절을 도입하여 "네가 살고 싶다면 다
른 사람을 죽일 수 있어야 한다. "많이 죽일수록 더욱 너는

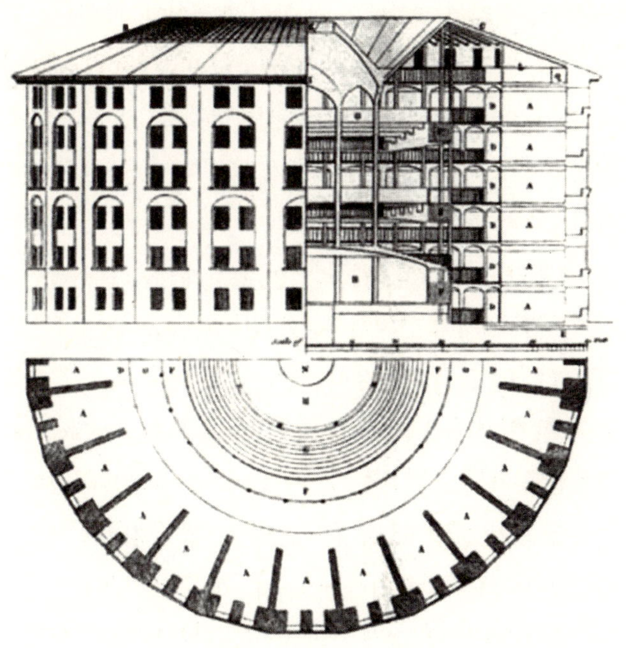

근대 규율권력을 상징하는 파놉티콘(panopticon) 도안

살게 될 것이다", "열등한 종이 사라지면 나의 종이 더 강해질 것이다" 등의 전쟁논리를 생물권력 속에 기입한다는 것이다.[46] 하지만 그것은 군사적 정치적 전쟁논리가 아니라 생물학적 전쟁논리, 즉 생물학적 위험의 제거나 생물학적 종의 강화논리이다. 19세기의 정치담론이 생물학 담론

---

46. 같은 책, 293~4쪽.

(진화론)과 깊이 결합했던 것은 이 때문이다. 그래서 이때에 광기, 범죄, 비정상 등은 늘 생물학적 진화론의 맥락에서 사고된다. 생물학적 인종주의는 생물권력의 인간적 보편성을 인종적으로 특수화하면서 생명메커니즘을 죽음메커니즘과 결합시킨다.

그렇다면 푸코는 생물권력이라는 개념을 분석하면서 대체 어떤 역사적 권력체제들을 염두에 두고 있었던 것일까? 그는 이 물음을 염두에 두면서, "모든 근대국가, 그리고 모든 자본주의 국가"[47]가 그렇다고 말한다. 그러므로 생물권력 개념은 자본주의 권력의 보편이론이다. 그런데 우리는 그가 균형, 조절 등의 술어로 생물권력의 특징을 서술할 때, 그것이 모델화하고 있는 것이 서구의 케인즈주의적 복지국가임을 쉽게 알아챌 수 있다. 케인즈주의는 바로 균형의 이론이다. 그리고 인구, 보험, 질병관리, 의료 등 그가 생물권력의 특징으로 예시한 대부분의 것은 전후 케인즈주의 사회의 국가정책들이었다. 하지만 그의 개념은 더 넓은 것을 포괄한다. 그는, "나치즘은 18세기 이래 자리 잡기 시작한 이 새로운 권력의 메커니즘이 그 절정에 달한 경우라 할 수 있다"[48]고 명시하면서 "나치국가는 자신이

---

47. 같은 책, 299쪽.
48. 같은 책, 297쪽.

정돈하고 보호하고 보증하고 생물학적으로 배양하는 삶의 장과 누구든지 죽일 수 있는 군주권을 공존시킨 국가"[49]라고 서술한다. 그리고 그는 이에서 더 나아가, 권력기제의 문제나 권력 메커니즘의 문제를 제기하지 않고 자본주의 국가나 산업 국가를 통해 형성된 바로 그 권력 기제를 재사용, 재투입한 사회주의 국가도, "국가가 생명을 떠맡고 관장하고 증식시키고 그 우연성을 보완하고 그 기회와 생물학적 가능성들을 점검하고 한정시킨다"는 이념을 채택하여, 사람을 죽일 권리, 말살할 권리, 자격을 박탈할 권리를 행사한다고 말한다. 이러한 사회주의 인종주의는 현실 사회주의의 문제만이 아니다. 블랑키주의, 무정부주의에서는 맑스주의나 사회민주주의에서보다 오히려 더 강렬한 형태로 인종주의가 나타난다는 것이 푸코의 생각이다.

푸코의 이러한 생물권력 개념이, 주어진 그대로의 형태로, 신자유주의와 인지자본주의의 권력형태를 분석하는 데 이용될 수 있을까? 그렇게 하기에는 난점이 있다. 무엇보다, 푸코가 인종, 인간, 생물, 삶, 생명 등 서로 다른 차원의 개념들을 너무 무구별적으로 사용하고 있는 것이 문제이다. 특히 문제가 되는 것은 생명을 생물로, 특히 인간 생명체로 환원하고 있는 것이다. 생물은 물질화된 생명이며,

---

49. 같은 책, 299쪽.

생명체는 개체화된 생명이고 삶은 생명의 활동이다. 그리고 인간은 특수한 생명종이며 인종은 인간들의 특수한 유형들이다. 이 구별들 중에서 푸코의 분석은, 권력이 개체화된 생명인 개인들에 대한 지배를 넘어 종적으로 특수화된 생명인 인간에 대한 지배로 나아가고 있다는 것을 밝히는 데 집중된다. 푸코는 이것을 개별에 대한 지배에서 보편에 대한 지배로의 이행으로 본다. 하지만 생명의 관점에서 보면 이것은 개별에 대한 지배에서 특수에 대한 지배로의 이행이지 보편에 대한 지배로의 이행은 아니다. 보편적인 것은 개인이나 인간보다는 그 이전의 것인 생명이기 때문이다.

생명은 개체적인 것이나 종적인 것의 추상을 통해 도출될 수 있는 어떤 것이 아니라 개체적인 것과 종적인 것을 발생시키면서 전 개체적이고 전 종적인 수준에서 움직이는 잠재력이다. 생명에는 기관도 장치도 없다. 그런데 개체적인 것과 종적인 것은 물질에 적응한 생명으로서 이미 장치를 갖춘 것이거나 그 자체가 장치들이다. 그렇기 때문에 개체에서 종으로 권력이 나아간다고 해서 그것이 생명 자체를 가능케 하는 것은 아니다. 그것이 가능케 하는 것은 생물종의 보존, 유지, 관리이지 생명의 운동은 아니다. 생명은 권력의 포획망 안에 들어와 있지만 여전히 그것의 권한 밖에 머물러 있다. 생명체의 제작이 가능하다고 해도 마찬가지이다. 푸코의 권력은 생물권력이지 생명권력은 아니다. 생물권력이 "살게 만드는 것"은 생물, 즉 물질로서의 생명의 존속이다. 그것은 생물권력의 장치적 지각활동 혹은 인지적 장치활동에 의해 규정된다. 생물권력은 생물을 하나의 물질로서 간주하며 물질을 다루는 기법들을 생물을 다루는 데 적용한다. 출생, 성장, 질병, 노화는 생명의 물질적 측면이지 생명 고유의 지속의 측면이 아니다. 인구는 양으로 파악된 생명이지 질로서 파악된 생명이 아니다. 의료, 보험 역시 생명의 물질적 지속에 관한 것이지 생명으로서의 지속에 관한 것이 아니다. 물질로서의 생물은 죽은 것처럼 다루어질 수 있다. 그렇기 때문에 푸코가 분석한 규율권력과 생물권력 사이에는, 보기와는 달리, 차이점보다 공통점이 더 크다. 둘 다가 공통적으로 생명을 물질로서 간주하고 또 취급하기 때문이다. 규율권력이 다루는 노동력처럼 생물권력이 다루는 국력[시민의 힘]도 생명력이 물질적 힘으로 계산되고 취급되면서 생명자체로부터 분리될 때 나타나는 형식들이다. 이런 의미에서 생물권력은 진정한 의미에서 "살게 만드는 권력"이 아니다. 그것은 오히려 "죽게 만드는 권력"에 아주 가까이에서 움직이는 권력으로 보인다. 이런 맥락에서 인종주의는 생

피터 브뤼겔(Pieter Bruegel), 〈사육제와 사순절의 싸움〉(The Fight between Carnival and Lent), 1559

물권력의 보편성을 쪼개며 틈입하는 것이라기보다 생물권력 그 자체의 발현형태라고 볼 수 있을 것이다.

그런데 인지자본주의에서 권력은, 생명을 개체와 전체로 구분하거나 노동자, 인간 등의 형태로 규정하는 데 크게 관심을 갖지 않는다. 그것은 다양한 생명체들의 지각, 느낌, 생각, 이해, 감정, 판단, 소통, 의지, 행위 등의 정신적 흐름과 그 복합체에 관계한다. 인지자본주의의 적극적 측면은 바로 이 인지적 흐름의 장치를 창조함으로써 생명활동의 가능성의 조건을 구축한다는 것이다. 생명은 프로그램, 프로젝트, 다이어그램, 알고리즘, 매트릭스의 망들을 따라 움직이게 되며 이를 통해 자본은 생명활동 전체를 통째로 포획한다. 생명체나 생물종을 규율하거나 조절하는 것에 머물지 않고 그것들로 하여금 진정으로 "살게 만들"면서 그것의 삶 활동인 인지과정을 그 과정 속에서 포획하는 인지장치가 권력으로 기능하고 자본으로 기능하는 체제가 바로 인지자본주의이다. 이런 의미에서 인지자본주의는 삶권력의 장치이다. 생물권력과 삶권력은 삶의 과정 속에서 생명력을 삶으로부터 분리하는 방식으로 생명체들이 권력 속에서 "살게 만든다". 그러나 이 권력을 '생명권력'으로 부르지는 않도록 하자. 생명은 물질에 적응된 생물이나 물질과의 교류과정인 생명활동과는 달리, 그 자체로부터 결코 분리될 수 없는 것이며, 만약 생명권력이라는 것이 있을 수 있다면 그것은 생명의 약동 자체, 생명의 자기활동, 자기배려, 자기의 테크놀로지, 자기의 노모스nomos를 지칭하는 것이어야 할 것이기 때문이다.

맑스의 자본주의 비판은 노동의 힘이 자본의 힘으로 나타나는 메커니즘에 집중된다. 그런데 인지자본주의에서 자본은 노동의 힘을 자본의 힘으로 분리현상시키면서도 다시 자본의 힘이 마치 노동의 힘처럼 나타나도록 만든다. 오늘날 사람들의 저 활발한 인지적 삶들이 정말로 생명의 요구의 자기표현인가? 그렇지 않다면, 그것들은 자본의 인지장치의 증식 욕망을 대행하는 것인가? 우리는 지금 지극히 에셔적인 상황에 놓여 있다. 오늘날 심화되는 양극화가 보여주듯이 자본과 노동은 명백히 분리되고 있는데 그것이 분리되면 될수록 양자가 서로 식별불가능하게 얽혀 뫼비우스의 띠처럼, 고르디아스의 매듭처럼, 서로 겹쳐 잡은 오른손과 왼손처럼, 서로를 드러내는 형상과 여백처럼 풀어 헤치기 어려운 상호내부적인 관계 속으로 들어가고 있기 때문이다.

:: 참고문헌

총론 실재적 행동인을 위하여

일루즈, 에바, 『감정자본주의』, 김정아 옮김, 돌베개, 2010.

마뚜라나, 움베르또 · 바렐라, 프란시스코, 『앎의 나무』, 최호영 옮김, 갈무리, 2007.

베르그손, 앙리, 『물질과 기억』, 박종원 옮김, 아카넷, 2005.

조정환, 『인지자본주의』, 갈무리, 2011.

한윤형 · 최태섭 · 김정근, 『열정은 어떻게 노동이 되는가』, 웅진지식하우스, 2011.

혹실드, 앨리 러셀, 『감정노동』, 이가람 옮김, 이매진, 2009.

Bergson, Enri, *Oeuvres*, Presses Univeritaires De France, 1984.

1장 생명과 인지

베르그손, 앙리, 『물질과 기억』, 박종원 옮김, 아카넷, 2005.

______, 『창조적 진화』, 황수영 옮김, 아카넷, 2005.

황수영, 『물질과 기억, 시간의 지층을 탐험하는 이미지와 기억의 미학』, 그린비, 2006.

굴드, 스티븐 제이, 『생명, 그 경이로움에 관하여』, 김동광 옮김, 경문사, 2004.

Bergson, Henri, *La pensée et le mouvant*, P.U.F., 1934.

2장 '이-것'-되기로서의 주체-화

고진, 가라타니, 『트랜스크리틱』, 송태욱 옮김, 한길사, 2005.

도킨스, 리처드, 『이기적 유전자』, 홍영남 옮김, 을유문화사, 1976/1993.

라투르, 브루노 외, 『인간 · 사물 · 동맹』, 홍성욱 엮음, 이음, 2010.

월퍼트, 루이스, 『하나의 세포가 어떻게 인간이 되는가』, 최돈찬 옮김, 궁리, 2001.

이정우, 『기술과 운명』, 한길사, 2001.

______, 『주름, 갈래, 울림』 저작집 5, 그린비, 2011.

______, 『천 하나의 고원』, 돌베개, 2008.

자콥, 프랑수아, 『생명의 논리, 유전의 역사』, 이정우 옮김, 민음사, 1994.

조정환, 『인지자본주의』, 갈무리, 2011.

토미오, 다다, 『면역의 의미론』, 황상익 옮김, 한울, 2010.

푸코, 미셸, 『말과 사물』, 이광래 옮김, 민음사, 1993.

______, 『임상의학의 탄생』, 홍성민 옮김, 이매진, 2006.

피어슨, 케이트 안젤 , 『싹트는 생명』, 이정우 옮김, 산해, 2005.

Cover, J. A. & O'Leary-Hawthorne, J., *Substance and Individuation in Leibniz*, Cambridge University Press, 1999.

de Landa, Manuel, *A Thousand Years of Nonlinear History*, Swerve Editions, 2000.

Deleuze, Gilles, *Foucault*, Ed. de Minuit, 1986.

Deleuze, Gilles·Guattari, Félix, *Mille plateaux*, Minuit, 1980.

Five Texts on the Medieval Problem of Universals: Prophyry, Boethius, Abelard, Duns Scotus, Ockham, ed. by P. V. Spade, Hackett, 1994.

Le problème de l'individuation, ed. par P.-N. Mayaud, Vrin, 1991.

Simondon, Gilbert, *L'individu et sa genèse physico-biologique*, Millon, 1995.

Stiegler, Bernard, *La technique et le temps*, 3 vols., Galilée, 1998~2001.

中村桂子, 『自己創出する生命』, 哲學書房, 1993.

池田淸彦, 『生命の形式』, 哲學書房, 2002.

3장 자율성의 과학은 가능한가?

마뚜라나, 움베르또·바렐라, 프란시스코, 『앎의 나무』, 갈무리, 2007.

Bhaskar, Roy, *The Possibility of Naturalism*, Sussex: Harvester Press, 1979.

Choe, Hoyoung, *Zu einer gemäßigten Perspektive des Konstruktivismus: Mit Kritik am radikal-konstruktivistischen Diskurs*, Vdm Verlag, 2008.

Foerster, Heinz von, "Kybernetik", *Zeitschrift für systemische Therapie*, 1987, 5(4): 220~223.

Hejl, Peter M., "Soziale Systeme: Körper ohne Gehirne oder Gehirne ohne Körper?" in: V. Riegas und C. Vetter (Hrsg.), *Zur Biologie der Kognition: Ein Gespräch mit Humberto R. Maturana und Beiträge zur Diskussion seines Werkes*, Frankfurt/M.: Suhrkamp, 1990: 205–236.

______, "Die zwei Seiten der Eigengesetzlichkeit: Zur Konstruktion natürlicher Sozialsysteme und zum Problem ihrer Regelung", in: S. J. Schmidt (Hrsg.), *Kognition und Gesellschaft: Der Diskurs des Radikalen Konstruktivismus 2*, Frankfurt/M.: Suhrkamp, 1992, 167–213.

Holzkamp, Klaus, *Grundlegung der Psychologie*, Campus Verlag, 1983a.

______, "Der Mensch als Subjekt wissenschaftlicher Methodik," in: Braun, K. · H., Hollitscher, W., Holzkamp, K. & Wetzel, K. (Hrsg.), *Karl Marx und die Wissenschaft vom Individuum*, Verlag Arbeiterbewegung und Gesellschaftswissenschaften, 1983b: 120~166.

______, "Grundkonzepte der Kritischen Psychologie". In: AG Gewerkschaftliche Schulung und Lehrerfortbildung (Hrsg.), *Wi(e)der die Anpassung. Texte der Kritischen Psychologie zu Schule und Erziehung*, Verlag-Schulze-Soltau, 1987a: 13~19.

______, "Die Verkennung von Handlungsbegründungen als empirische Zusammenhangsannahmen in sozialpsychologischen Theorien", in: *Forum Kritische Psychologie* 19, 1987b: 23~58.

Marx, Karl, *Ökonomisch-philosophische Manuskripte*, MEW Ergänzungsband 1, 1844.

______, *Das Kapital*, Bd. 1, MEW 23, 1867.

Maturana, Humberto, *Erkennen: Die Organisation und Verkörperung von Wirklichkeit*, Braunschweig, Wiesbaden: Vieweg, 1982.

______, "Reflexionen, Lernen oder ontogenetische Drift", in: *Delfin* II, 1983, 60~71.

______, "Gespräch mit Humberto R. Maturana", in: V. Riegas und C. Vetter (Hrsg.), *Zur Biologie der Kognition: Ein Gespräch mit Humberto R. Maturana und Beiträge zur Diskussion seines Werkes*, Frankfurt/M.: Suhrkamp, 1990: 11`90.

Luhmann, Niklas, *Soziale Systeme*, Frankfurt/M.: Suhrkamp, 1987.

______, *Die Wissenschaft der Gesellschaft*, Frankfurt/M.: Suhrkamp, 1992.

Roth, Gerhard, "Autopoiese und Kognition: Die Theorie H. R. Maturanas und die Notwendigkeit ihrer Weiterentwicklung", in: S. J. Schmidt (Hrsg.), *Der Diskurs des Radikalen Konstruktivismus*, Frankfurt/M.: Suhrkamp, 1987: 256~287.

Schiepek, Günter, "Beitrag zu einer Diskussion im Vorfeld systemischer Methodologie (I)", in: *Zeitschrift für systemische Therapie* 6(2), 1988, 74~80.

Varela, Francisco, "Autonomie und Autopoiese", in: S. J. Schmidt (Hrsg.), *Der Diskurs des Radikalen Konstruktivismus,* Frankfurt/M.: Suhrkamp, 1987: 119~132.

______, H. Maturana & R. Uribe, "Autopoiesis: The Organization of Living Systems, Its Characterization and a Model", in: *Biosystems* 5, 1974: 187~196.

4장 포획적 인지장치로서의 자본

고든, 콜린 편, 『권력과 지식-미셸 푸코와의 대담』, 홍성민 옮김, 나남, 1991.

글리프, 토니, 『소련 국가자본주의』, 정성진 옮김, 책갈피, 1993.

네그리, 안토니오·하트, 마이클, 『제국』, 윤수종 옮김, 이학사, 2001.

들뢰즈, 질·가타리, 펠릭스, 『천 개의 고원』, 김재인 옮김, 새물결, 2001.

마뚜라나, 움베르또·바렐라, 프란시스코, 『앎의 나무』, 최호영 옮김, 갈무리, 2007.

마르크스, 칼, 『자본론』 1권(상), 김수행 옮김, 비봉출판사, 1991.

______, 『자본론』 3권, 김수행 옮김, 비봉출판사, 1990.

베르그손, 앙리, 『창조적 진화』, 황수영 옮김, 아카넷, 2005.

아감벤, 조르조·양창렬, 『장치란 무엇인가?』, 난장, 2010.

아리기, 조반니, 『장기 20세기』, 백승욱 옮김, 그린비, 2008.

조정환, 『인지자본주의』, 갈무리, 2011.

푸코, 미셸, 『"사회를 보호해야 한다"』, 박정자 옮김, 동문선, 1998.

Foucault, Michel, *Dits et écrits III 1976~1979,* Galimard, 1994.

Luxemburg, Rosa, *The Accumulation of Capital,* (http://www.marxists.org/archive/luxemburg/1913/accumulation-capital/index.htm).

ㄱ

가능태 122, 128

감각-운동 체계 89, 90, 102, 103

개체-화 10, 21, 26, 27, 53, 115, 116, 178

개체발생 33, 34, 42, 142

개체발생적 31, 39, 41

게놈 143, 153~155, 161

결과로서의 분리형태 264

경쟁 53, 108, 110, 185, 227, 240, 269, 270

계통발생 31, 142

〈공각기동대〉 148, 176

공동주체 46, 232

공동체 38, 54, 224, 234, 241, 247, 272

공진화 30, 42, 195, 223

관념론 14, 60, 70, 71

구조결정된 체계 31, 32, 35, 36, 44, 198, 201, 202, 204~207, 216

구조주의 119

국가자본주의 266, 276, 293

국재화 14, 84, 85, 88

권리로서의 분배 264, 265

규율 253, 280~283, 287, 289

급진심리학 221

기계론 14, 60, 62, 124~126, 134, 138, 198~202, 207, 209, 211~213, 219, 242

기관 없는 몸 49, 249, 250, 252, 259

『기술적 대상들의 존재 양식에 대하여』 (시몽동) 179

ㄴ

네트워크 277

『노년에 관하여』(키케로) 160

노모스 289

ㄷ

다양성 33, 35, 41, 42, 128, 147, 210, 211

다양체 26~28, 172, 173, 181, 182, 184, 187~189

단일성 167, 169, 171, 180, 252

독특성 23, 134, 137, 180

『동물의 형성』(라플라스) 125

ㄹ

레미니상스 82

리보솜 151, 153

ㅁ

마이크로 123, 124, 134, 135

맑스주의 265, 285